中等职业教育“十三五”规划教材

礼仪规范教程

（修订版）

主编　罗云明　杨筱玲

電子工業出版社
Publishing House of Electronics Industry
北京·BEIJING

内 容 简 介

全书分为8章，主要内容包括：礼仪引论、个人礼仪、校园礼仪、家庭礼仪、社交礼仪、职场礼仪、涉外礼仪和宗教习俗礼仪。为增加可读性，书中引用案例导入和形象的插图。

本书可作为旅游、服务等相关工种的培训教材和社会各界人士学习礼仪知识的参考书。

图书在版编目（CIP）数据

礼仪规范教程 / 罗云明，杨筱玲主编. —修订本. —北京：电子工业出版社，2017.8

ISBN 978-7-121-31183-3

Ⅰ. ①礼…　Ⅱ. ①罗…　②杨…　Ⅲ. ①礼仪－教材　Ⅳ. ①K891.26

中国版本图书馆CIP数据核字（2017）第063977号

策划编辑：祁玉芹

责任编辑：鄂卫华

印　　刷：中国电影出版社印刷厂

装　　订：中国电影出版社印刷厂

出版发行：电子工业出版社出版

北京市海淀区万寿路173信箱　邮编：100036

开　　本：787×1092　1/16　印张：9.5　字数：231千字

版　　次：2008年8月第1版

2017年8月第2版

印　　次：2023年7月第22次印刷

定　　价：23.00元

凡所购买电子工业出版社图书有缺损问题，请向购买书店调换。若书店售缺，请与本社发行部联系，联系及邮购电话：（010）88254888，88258888。

质量投诉请发邮件至zlts@phei.com.cn，盗版侵权举报请发邮件至dbqq@phei.com.cn。

本书咨询联系方式：qiyuqin@phei.com.cn。

《礼仪规范教程（修订版）》参编名单

主　编： 罗云明　杨筱玲

副主编： 凌小冰　裴海玲　蓝益平　黄红波　陈瑞娟　李　聪
陈国琦　黄文灵　凌美娥　赵妮燕　荣　骞　蓝竹梅
梁　红　黄金群　黎　文

编　委： 龙　霞　莫秋华　刘盛坤　叶艾仲　沈英萍　滕兰芳
石　冰　甘　露　梁振新　秦　莹　黄颖颖　黄国芳
李铭铭　周丽芳　梁桂华　田艳玲　朗宏芳　郑　玲
吴　珺　李烨茜　黄翠兰　黄春梅　武　丹　邓　斯
黄　琼　李松媛　李小红　聂锦群　杨　成　李舒婷
吴　敏

前言

中国是一个拥有五千多年历史的文明古国，知礼、讲礼、用礼是中华民族世代相传的美德。《礼记》中写到“人无礼则不生，事无礼则不成，国无礼则不宁”。就是说，如果没有公共的道德和礼仪，人民就无法正常生活，社会就会毫无秩序，国家就会不得安宁。随着社会的进步，人们社交面的扩大，在构建和谐社会的今天，礼仪已成为社会文明的标志，讲礼重仪已成为每一位社会公民自觉的文明行为。良好的礼仪是个人立足社会、成就事业、获得美好人生的基础。提倡礼仪、注重礼仪，有助于提高自身的修养；有助于与他人和谐相处；有助于净化社会风气，推动社会主义精神文明建设，促进文明社会快速发展。

为了落实《面向 21 世纪教育振兴行动计划》中提出的实施职业教育课程改革和教材建设规划的要求，我们根据《中等职业学校礼仪规范教程》的教学基本要求编写了本书。本教材是中等职业学校公共课教材，也可作为旅游业、服务业等相关专业的培训教材。

本教材旨在向职业学校的学生普及、传授作为现代人在社会上自立、发展所应具备的基本礼仪知识。教材兼顾古今中外的礼仪规范，融系统性、知识性、实用性与可操作性于一体，吸收了国内外研究的最新成果，突出现代社会人际交往准则和指导作用，并从职业学校学生的实际出发，力求达到提高学生社会交往、待人处世以及择业的能力。通过学习有助于提升职业学校学生的整体素质，提高学生的综合竞争能力。

本书由 8 章组成。主要内容有礼仪引论、个人礼仪、校园礼仪、家庭礼仪、社交礼仪、职场礼仪、涉外礼仪和宗教习俗礼仪。

礼仪是人们长期社会实践的产物，其规范是约定俗成的。因此，本书在编写过程中参考和引用了大量他人的研究成果，在此谨向有关作者表示衷心的感谢！由于编写时间仓促，本书难免有不足之处，敬请读者批评指正。

编　者

CONTENT 目录

第一章 礼仪引论

我国是礼仪之邦。上下五千年，从西周视“礼”为“国之大柄”到现代的“五讲四美”；从荀子的“国无礼则不宁”到今天的精神文明建设，礼仪一直是传统文化的核心，讲“理”重“仪”是中华民族世代相传的优秀传统，中国人也以其彬彬有礼的风貌而著称于世，源远流长的礼仪是先人留给我们的一笔丰厚遗产。如今，随着社会的进步，人们社交面的扩大，礼仪已成为社会文明的标志，人们工作、生活越来越离不开礼仪。我们是 21 世纪的主人，应继承和发扬中华民族的优良传统，应当用规范的礼仪来指导自己的一言一行，要学礼用礼，以礼待人，成为中华民族优秀的一代。

案例 1

张良是汉高祖刘邦的军师，他的祖先是韩国人。在秦灭韩后，张良立志为韩国报仇。有一次，因刺杀秦始皇未遂，受到追捕而避居到下邳。

张良在下邳闲暇无事。有一天他到桥上散步，碰到一个老人，穿着粗布短衣，走到张良旁边，故意把他的鞋子掉到桥下。然后回过头来冲着张良说：“孩子！下桥去给我把鞋子拾上来！”张良听了一愣，很想发怒，但一看他是个老人，就强忍着怒气，到桥下把鞋拾了上来。老人竟又命令说：“把鞋子给我穿上！”张良一想，既然已经给他拾来了鞋子，不如就给他穿上吧，于是就跪在地上给他穿鞋。老人把脚伸着，让张良给他穿好后，就笑嘻嘻地走了。张良一直用惊奇的目光注视着他的去向。老人走开后又折回来对张良说：“你这个孩子是能培养成才的。五天后的早上，天一亮，就到这里来同我会面！”张良跪下来说：“是”。第五天早上天刚亮，张良到了桥上，不料那老人已经等在那里了，见了张良就生气地说：“和老人约会，怎么迟到了？再过五天的早上来相会！”说完就离去了。到第五天早上，鸡一叫，张良就赶去了，可是那老人又等在那里了，见了张良又生气地说：“怎么又迟到了？过五天再早点来！”说完又走了。到了第五天，张良没到半夜就赶到桥上，等了好久，那老人才来，老人高兴地说：“这样才好”。然后他拿出一本书来，指着说道：“认真研读这本书，就能做帝王的老师！过十年，天下形势有变，你就会发迹了”。老人说完就走了。

天亮时，张良拿出书来一看，原来是《太公兵法》(辅佐周武王伐纣的姜太公的兵书)。张良十分珍爱它，反复地学习、研究，领悟其精义。

十年过去了，陈胜等人起兵反秦，张良归附于沛公。张良运用《太公兵法》的精髓经常向沛公献计献策，不但成为运筹帷幄、决胜千里的军师，而且成为万世留名的一代贤侯。

案例2

曾子是孔子的弟子，有一次他在孔子身边侍坐，孔子就问他：“以前的圣贤之王有至高无上的德行，精深奥妙的理论，用来教导天下之人，人们就能和睦相处，君王和臣下之间也没有不满，你知道它们是什么吗？”

曾子听了，明白老师孔子是要指点他最深刻的道理，于是立刻从坐着的席子上站起来，走到席子外面，恭恭敬敬地回答道：“我不够聪明，哪里能知道，还请老师把这些道理教给我。”

在这里，“避席”是一种非常礼貌的行为，当曾子听到老师要向他传授时，他站起身来，走到席子外向老师请教，是为了表示他对老师的尊重。曾子懂礼貌的故事被后人传诵，很多人都向他学习。

想一想

阅读张良拜师、曾子避席的典故，谈谈你的体会。假如换作是你，会怎么做？

第一节　礼仪的起源与发展

礼仪作为人类文化的表现形式之一，如同文字、绘画等文化表现形式一样，是人类不断摆脱落后、愚昧、野蛮，逐渐走向进步、智慧和文明的标志。礼仪的形成和发展，经历了一个从无到有；从低级到高级；从零散到完整的渐进过程。揭示礼仪的起源及其历史演变，有利于我们更深刻地把握礼仪的本质，全方位地了解礼仪文化，并通过对传统礼仪文化的扬弃，更好地指导我们的现代礼仪实践。

一、礼仪的起源

根据人类学、历史学的研究，人类礼仪的产生主要源于以下两个方面。

1. 礼仪源于原始的宗教祭祀

礼仪是伴随原始宗教的产生而产生的。有了原始的宗教，就有了原始宗教的祭祀活动形式，这是人类社会最初的礼仪。在中国，礼仪经历了由崇拜自然物到崇拜人类自身的发展模式，比如由对龙的崇敬扩展到对君王的崇敬。古代典籍中，有许多关于龙的记载和描绘，龙是古人对自然界的恐惧和崇拜而想象出来的图腾，它威风凛凛、张牙舞爪的形象活跃于水、陆、空三界，超越了时空条件的限制。随着人类社会生活的发展，人们表达敬畏、崇拜的活动日益纷繁，这些活动逐步固定成种种的模式，这就形成了礼仪的规范。

你知道吗？在中国古代，人们对伏羲氏和神农氏的崇敬，是因为他们在与自然界的斗争中，教会人们种植农作物；对大禹的崇敬，是因为他为百姓治水；对尧、舜的崇敬，则是因为他们率领人们与自然界斗争并且形成了人类最初的“社会秩序——氏族部落”。

2. 礼仪源于协调人类的相互关系和约定俗成

人类为了生存和发展，在与大自然抗争的同时，人类的内部关系，如人与人、部落与部落、国家与国家之间的关系也是人类面临的必须解决好的问题。在群体生活中，男女有别、老少各异，扶老携幼、爱护弱小既是一种自然的人伦秩序，又是一种需要保证和维护的秩序。可以说维持群体生活的自然人伦秩序是礼仪产生的最原始动力。在此基础上，礼仪扩展到人际关系的其他方面。另外，礼仪在许多情况下并不是某个人创造的，而是在人与人的交往过程中，在社会生活中共同认定而形成的，并被大家一致遵守和沿用的。所以，礼仪是约定俗成的。

二、礼仪的发展

伴随着人类社会的产生和发展，礼仪也经历了一个由无到有，由低级到高级，不断变革的漫长历史过程。不同的历史时期，不同时期的礼仪有着不同的特征。

1. 礼仪的萌芽时期

礼仪起源于原始礼仪时期，约旧石器时期，出现了早期礼仪的萌芽，例如，生活在距今约 3 万年前的北京周口店山顶洞人，就已经知道打扮自己，他们用穿孔的兽齿、石珠作为装饰品，挂在脖子上；他们在去世的族人身旁撒放赤铁矿粉，举行原始的宗教仪式，这是迄今为止在中国发现的最早的葬仪。

2. 礼仪的初起时期

原始社会时期，人类还处于蒙昧的状态，生产力水平低下，人际关系十分简单，礼仪也非常简朴。但是原始的政治礼仪、宗教礼仪、婚姻礼仪等已经在夏朝产生之前初见雏形，例如，新石器时代，家庭中按性别分配有不同的柱子，男女成年时即在各自的柱子前举行成人仪式；炎黄时期已经形成君臣礼仪；尧舜时代民间交际礼仪已普遍运用。这些都无不体现了我国原始社会礼仪的发展。

3. 礼仪的形成时期

礼仪的形成阶段大约是在公元前 21 世纪到公元前 771 年的夏、商、周三代。周代一个名为旦的人把它们收集整理在一起，编成了一套比较完整的礼仪典范，这就是后人所说的《周礼》。《周礼》、《礼记》、《仪礼》统称为“三礼”。“三礼”是关于各种礼制的百科全书。其中，《周礼》偏重政治制度，《礼记》偏重对礼的各个分支做出符合统治阶级需要的理论说明，《仪礼》偏重行为规范。由这“三礼”所涉及的各种礼制的总和，可以说涵盖了中国古代“礼”的主要内容。

4. 礼仪的变革与强化时期

春秋时期，孔子进一步宣扬礼仪，他在《周礼》的基础上结合鲁国的实际提出了更加适合当时社会的礼仪思想，并游说列国采用他的礼仪，但是当时并不被各国统治者所接受，为此他奔走游说各国，郁郁不得志，抱恨而终。秦朝过后，孔子的学说逐渐成了后来历代封建王朝治国的经典。这样，儒家学派的礼仪思想就成为了人民普遍的行为准则。

西汉唯心主义思想家董仲舒曾总结秦王朝覆灭的教训，主张统治者应采取德治和法治，在孔子儒家礼仪思想的基础上提出了“三纲”、“五常”的学说。“三纲”即“君为臣纲，父为子纲，夫为妻纲”；“五常”即仁、义、礼、智、信。在漫长的封建时代，“三纲五常”一直被视为人们的礼仪准则。直到清朝末年，尤其是民国时期，西方文化大量传入中国，传统礼仪制度和规范才逐渐受到时代冲击，科学、民主、自由、平等的观念逐步深入人心，新的价值观念和礼仪标准才得以传播和推广。

5. 礼仪的现代时期

大约从 1911 年民国初期直到现在。这一时期大致经历了两个阶段，首先是半殖民地半封建社会的礼仪；其次是新中国成立以后，新型的社会关系和人际关系的礼仪。在半殖民地半封建社会，中国由于西方侵略者的侵入，西方文明与中国文化的融合，形成了中西合璧的礼仪大杂烩。1949 年以后，中国的礼仪进入了一个崭新的时期，人民当家作主而成为国家的主人，由此建立起来的平等、亲密的同志关系和新的礼仪风范，反映出社会主义社会的道德风尚和时代风貌，并在学习和借鉴西方礼仪的同时形成了现代礼仪。

第二节　礼仪的含义

历史上，“礼”的本意是敬神和用来表示敬神而举行的各种仪式。《说文解字》中对礼的解释是“礼，履也，所以事神致福也”。后来，礼成为维护封建统治的基本制度和规范。“仪”指的是礼的仪式、仪节。仪是由礼而生，又要合乎礼的规范。

现在，礼包括礼貌、礼节。仪不仅指仪式，还包括仪表、仪态。礼仪是指人类在共同生活和交往中逐渐形成的，并固定下来而共同遵循的道德行为规范的总和。它是在长期的社会生活中，在风俗习惯基础上形成的人们共同遵守的品行、程序、方式、风度等。对个人来说，礼仪是个人思想水平、文化修养、交际能力的外在表现；对社会来说，礼仪是精神文明建设的重要组成部分，是社会文明程度、道德风尚和生活习俗的反映。

礼貌指的是人们之间相互交往时，表示尊敬和友好的言谈和行为。它以尊重他人和不损害他人的利益为前提，是人们的道德水平、文化层次、文明程度的体现。

礼节指的是人们在日常生活中，特别是在交际场合中，相互表示尊重、祝福、问候、致意、哀悼、慰问，以及给予必要的协助与照料的惯用形式。例如，鞠躬、握手、献花等，是待人接物的惯用形式。

仪式指的是在一定场合举行的具有规定的形式和程序的规范活动，如欢迎仪式、签字仪式等。

仪表指的是人的外表，包括服饰、容貌、姿态、风度等内容。

仪表属于美的外在因素，体现一个人的精神状态；礼貌是美的内在因素，体现一个人的内在涵养；礼节、仪式是礼仪的表现形式。礼仪根据不同的年龄、职业、场合有不同要求。

礼仪是尊重他人感情的自然流露，是平等互助新型人际关系的体现，是带有号召力和感染力的一种教育手段，是建设社会主义精神文明的一项基本措施。礼仪是人类社会的一种文明行为。

第三节 礼仪的特征与原则

一、礼仪的特征

1. 民族性

由于各个民族的文化传统和心理特征各不相同，所以各个民族和地区的礼仪在形式及其代表的意义上都存在着差别。同一礼仪内容在不同的民族中可以有着不同的表现形式。日本人在相互见面时行鞠躬礼，而鞠躬的深度直接与被问候人受尊敬的程度有关；欧美人在相互见面时有行拥抱礼和接吻礼的习惯，而在行礼的方式上则因被问候人的身份不同而有所区别；我国的习惯则是，人们见面时相互行握手礼，握手的发出者，相握的力度、深浅由双方的性别、年龄、职位高低和交情等因素决定。

同一礼仪形式在不同的民族中也可能代表着不同的意义。比如，在美国家庭中，子女可以直呼父亲的名字，而这一做法在中国绝大多数家庭则是无礼的表现，是被绝对禁止的；在西方的婚礼上，新娘穿着白色的婚纱，以此象征女性的纯洁，而在东方传统观念中则以穿红色表示吉庆，白色是被用于葬礼上的。可见，各民族的礼仪形式与其文化传统、道德观念有着直接的关系，礼仪的民族性特征是非常明显的。因此，在现代社会生活中，各地区、各民族在礼仪形式方面应相互了解、相互尊重、求同存异、入乡随俗。

2. 多样性

在人类社会生活中，礼仪与每个人都有联系，它涉及生产、生活的各个方面。世界各地的礼仪异彩纷呈，几乎没有人能说清楚世界上到底有多少种礼仪形式。从语言表达的礼仪到文字使用的礼仪，从个人的行为礼仪到活动的规范仪式，从容貌礼仪到服饰礼仪，从宗教礼仪到风俗礼仪等，在不同的国家、不同的场合，礼仪的表达方式各不相同。例如，在国际交往礼仪中，仅见面礼节就有问候礼、点头礼、握手礼、鞠躬礼、亲吻礼、合十礼、挥手礼、脱帽礼等。

3. 共同性

只要人类存在着交往活动，人们就需要通过礼仪来表达彼此的情感和尊重。即使两个根本对立的阶级或社会制度之间，其成员交往也需遵守共同的礼仪。因为他们在政治、经济、思想领域方面虽然是对立的，但他们又总是存在着某种共同的利益、价值取向或文化背景，他们必须通过一定的礼仪才能达成交往。任何社会都存在着一些全体社会成员都必须共同遵守的礼仪要求。如遵守纪律、尊老爱幼等，否则，社会将无法正常运转。礼仪是社会各阶层人士所共同遵守的准则与行为规范。一般来说，社会的文明程度越高，为社会全体居民共同遵守的礼仪所占的比重就越大。

4. 时代性

一个国家、一个民族的某种礼仪一旦形成，通常会长时间地为后人所沿袭。例如，婚礼作为人生中的大礼，自古以来就受到世人的高度重视，至今也依然如此。当然，世界上的事物都是变化发展的，礼仪的不变性也是相对的。礼仪作为一种人际交往的形式，在继承传统的同时，也是随着社会的进步而进步，随着时代的发展而发展的。

例如，封建社会的旧礼仪反映的是等级尊卑的封建意识，如长揖、顿首、跪拜等繁多的礼仪，所反映的是施礼者和受礼者双方身份地位的不平等。这种上下级之间、长幼之间的行为，使双方毫无感情交流可言。正因为它有碍于社会公众的交往，有碍于彼此之间相互尊敬，所以它已被历史所淘汰。在社会主义制度下，取而代之的是握手礼、鞠躬礼等新的礼仪形式。另外，经过千百年的传承演变，一些礼仪形式已经发生了很大的变化。例如，现在人们见面、互相致意时，以脱帽为敬，而古时则是以戴冠为敬，由于礼仪具有时代性的特征，所以人们在社会生活中就不能墨守成规，落后于时代。

二、礼仪的原则

案例

陶行知先生在做校长时，有一天，在校园里看到一名男生正想用砖头砸另一个同学。陶行知及时制止同时令这个学生去自己的办公室。

在外了解情况后他回到办公室，发现那名男生正在等他，便掏出第一颗糖递给他："这是奖励你的，因为你很准时比我先到了。"接着又掏出第二颗糖："这也是奖励你的，我不让你打人，你立刻就住手，这说明你很尊重我。"该男生将信将疑地接过糖。

陶行知又掏出第三颗："据了解，你打同学是因为他欺负女生，说明你有正义感。"

这时那名男生已经泣不成声了："校长，我错了。不管怎么说，我用砖头打人是不对的。"

陶校长这时掏出第四颗糖："你已经认错，我们的谈话也结束了。"

陶先生以出其不意的奖励感化教育，轻而易举的功破了学生的心理，圆满地达到了教育的目的。

想一想

阅读陶行知"四颗糖"的故事后，你知道在人世交际中应遵守哪些原则了吗？

在日常生活中，人们学习和应用礼仪，有必要在宏观上掌握一些具有普遍性、共同性、指导性的礼仪原则。这样有助于我们更好地学习礼仪、运用礼仪。

1. 遵守的原则

在交际应酬中，每一位参与者都必须自觉、自愿地遵守礼仪，以礼仪去规范自己在交际活动中的一言一行，一举一动。任何人，不论身份高低、职位大小、财富多寡，都有自觉遵守、应用礼仪的义务，否则，就会受到公众的指责，难以达到交际的目的。

2. 自律的原则

从总体上来看，礼仪规范由对待个人的要求与对待他人的做法两大部分所构成。对待个人的要求，是礼仪的基础和出发点。学习、应用礼仪，最重要的就是要自我要求、自我约束、自我控制、自我对照、自我反省、自我检点，这就是所谓的自律原则。若只求律人，不求律己，遵守礼仪就无从谈起。

3. 尊敬的原则

在交际活动中，与交往对象既要互谦互让、互尊互敬、友好相待、和睦共处，更要将对交往对象的重视、恭敬、友好放在第一位。对待他人的诸多做法中最重要的一条，就是要敬人之心常存，处处不可失敬于人，不可伤害他人的尊严，更不能侮辱对方的人格。

4. 宽容原则

人们在交际活动中运用礼仪时有容乃大。既要严于律己，更要宽以待人。要多容忍他人，多体谅他人，多理解他人，而千万不要过于责备、斤斤计较、过分苛求、咄咄逼人。在人际交往中，尊重他人，实际上就是要尊重其个人选择。对于不同于己、不同于众的行为耐心容忍，不必要求其他人处处效法自身，与自己完全保持一致，实际上也是尊重对方的一种表现。

5. 平等的原则

在具体运用礼仪时，允许因人而异，根据不同的交往对象，采取不同的具体方法。但必须强调以礼相待，即对任何交往对象都必须一视同仁，给予同等程度的礼遇，不允许因为交往对象彼此之间在年龄、性别、种族、文化、职业、身份、地位、财富以及与自己的关系亲疏远近等方面有所不同，就厚此薄彼。

6. 从俗的原则

由于国情、民族、文化背景的不同，在人际交往中，实际上存在着“十里不同风，百里不同俗”的情况。对这一客观现实要有正确的认识，不要自高自大，唯我独尊，以自我为标准，简单否定不同于己的做法。必要时，必须坚持入乡随俗，与绝大多数人的习惯做法保持一致，切勿随意批评，否定其他人。

7. 适度的原则

与人交往的过程中应该讲究礼仪，但应针对不同的场合、不同的对象掌握好不同的分寸。那种认为在任何情况下都是“礼多人不怪”的看法是片面的。有时过分的“礼”会引起人的反感，甚至会被认为是虚伪的表现。如与人交谈时，向对方说过多奉承的语言；当受到夸赞时，一味地谦虚，甚至言过其实；在与他人共处时，表现过于热情，使人陷入难堪之地等。适度的原则就是既要彬彬有礼，又要不卑不亢；既要亲切和蔼，又要不轻浮阿谀、虚情假意。

适度原则是建立在客观评价自己、评价别人的基础之上的。在日常交往中，要正确认识自己的才学、能力、特长和技巧，正确认识别人的品德、态度、动机和困难。在交往中，努力做到“不失足于人，不失色于人，不失口于人”，即在行为、态度、言论上要适度。一旦出现错误的言行、态度，应主动表示歉意，为彼此和睦相处创造有利条件。

8. 沟通原则

沟通是人际交往中人与人之间的互动之桥。因此，在人际交往中，既要了解交往对象，更要被交往对象所了解，目的是“尊重”，而欲尊重他人，就必须首先了解对方，并令自己为对方所了解，只有这样，才能实现有效的沟通。

第四节　礼仪的作用

古人云：“国有礼则国昌，家尚礼则家大，身尚礼则身正，心有礼则心泰”。孔子曰：“不学礼，无已立”。“礼之用，和为贵”。可见礼仪在社会生活中的地位和作用何等重要，同时也说明了礼仪是一个人立足社会、成就事业、获得美好人生的基础。学习礼仪具有以下作用。

一、有助于人们提高自身的修养，提高自身的综合素质

在人际交往中，礼仪往往是衡量一个人文明程度的准绳。它不仅反映了一个人的交际技巧与应变能力，而且还反映了一个人的气质风度、阅历见识、道德情操、精神风貌。

个人形象是一个人仪容、服饰、表情、举止、谈吐、教养的集合，而礼仪在上述诸方面都有详尽的规范。因此学习礼仪、运用礼仪，无疑有益于人们更充分地展示个人的良好教养与优雅的风度，有助于提高自身的修养，提高个人的综合素质，更好地塑造个人形象。

二、有助于促进人们改善人际关系，提高交际能力

“世事洞明皆学问，人情练达即文章”讲的就是交际的重要性。一个人只要同他人打交道，就不能不讲礼仪。运用礼仪，除了可以使个人在交际活动中充满自信、胸有成竹、处变不惊之外，还能够帮助人们规范彼此的交际活动，更好地向交往对象表达自己的尊重、友好与善意，增进彼此之间的了解与信任。俗话说，个人礼仪是人际交往的“润滑剂”。我们每天都少不了与他人交往，假如我们不能很好地与人相处，那么在生活中、事业上就会寸步难行，一事无成。加强个人礼仪修养，处处注重礼仪，在尊敬他人的同时也会赢得他人的尊敬，从而使人与人之间的关系更趋融洽，使人们的生存环境更为宽松，使人们的交往气氛更加愉快。罗斯福说：成功公式中，最重要的一项因素是与人相处。

三、有助于促进社会文明，构建和谐社会

人与社会密不可分，社会是由个人组成的，文明的社会需要文明的成员一起共建，文明的成员则必须要用文明的思想来武装，要靠文明的观念来教化。个体礼仪修养的加强，可以进一步强化社会的文明意识。由此可见，学习礼仪、运用礼仪，有助于提高个人的修养，提高个人的文明程度，从而促进整个国家和全民族总体文明程度的提高，构建和谐社会，加快社会的发展。

思 考 题

（1） 简述我国礼仪的起源。
（2） 举例说明什么是礼仪？它具有哪些特征？
（3） 简述礼仪的原则。
（4） 在现实生活中礼仪有哪些作用？
（5） 结合自己的情况，谈谈你如何学好礼仪？

第二章 个人礼仪

案例

海尔地产高级副总裁卢铿有一次参加一个培训，老师要求穿休闲装，但中午临时接到张首席的通知，要赶去总部开一个碰头会。卢总请假后，立即让司机迅速去家中取来自己的西装工服和领带，换装后才前往海尔见张首席。

这让在场的人十分诧异，无非是去和张首席简单沟通半小时，卢总也有极其充分的理由去解释今天没有穿工服的理由。为何卢总宁可牺牲自己就餐的时间，也要保持一个良好的职业形象去见张首席？

一位海尔的高管解答了在场人的疑问：张首席经常会将很多到海尔来谈合作的高端人士介绍给卢总，而与外来的客户会面时，卢总的形象，也就代表海尔。

而在海尔园中，所有的员工都是工装上班，同为海尔人，又如何去给千千万万的海尔员工解释你今天的不同？所以卢总有这些时间去解释，还不如抓紧时间换件衣服！只有那统一的服装，才代表海尔形象！

想一想

（1） 读了海尔地产高级副总裁卢铿换衣服的案例，你有什么启发？

（2） 为什么说在当今社会中企业的形象和员工的形象有重要的关系？

第一节 仪　容

一、仪容的定义

仪容通常是指人的外观、外貌。在人际交往中，每个人的仪容都会引起交往对象的特别关注，并将影响对方对自己的整体评价。

二、仪容美的含义

1. 仪容的自然美

它是仪容的先天条件，天生丽质。尽管以貌取人不合情理，但先天美好的容貌，无疑会令人赏心悦目，感觉愉快。

2. 仪容的修饰美

它是依照规范与个人条件，对容貌进行必要的修饰，扬长避短，设计美好的个人形象。在人际交往中，让自己显得有备而来，让自己显得高雅、大方、得体。

3. 仪容的内在美

它是指通过努力，不断提高个人文化艺术修养和思想道德水准，培养出自己高雅的气质与美好的心灵，使自己秀外慧中、表里如一。

真正意义上的仪容美，应当是以上三个方面的高度统一。其中，仪容内在美是最高境界，仪容的自然美是人们的心愿，而仪容的修饰美则是仪容礼仪关注的重点。

三、容貌修饰的技巧

容貌集中了一个人的口腔、眼睛、耳朵、鼻子、双手等器官，这些器官既用于观察、感受体验世界，又用于表达和交流思想感情，是备受人们关注的视觉焦点和注意对象。容貌的修饰主要由清洁养护、适度化妆、清香健康三大组成部分。掌握容貌的修饰技巧，具有自尊自爱、礼敬于人的双重功效，因而是每一个注重礼貌修养的人都会认真对待的问题。

（一）面部特点及皮肤分类

爱美之心人皆有之，对美的追求和喜爱是人类的一个通性。化妆实际上就是对自身容貌的一种美化，这种美化的过程往往是通过用适当的色彩和线条来补面容的缺陷，突出面容的优点，以达到改变人们的视觉感受，让自身的容貌获得人们的认可、接受和喜爱的目的。

1. 了解面部的特点

面部修饰美的前提和基础，是人们常说的“五官端正”，达到“三庭五眼”的比例。

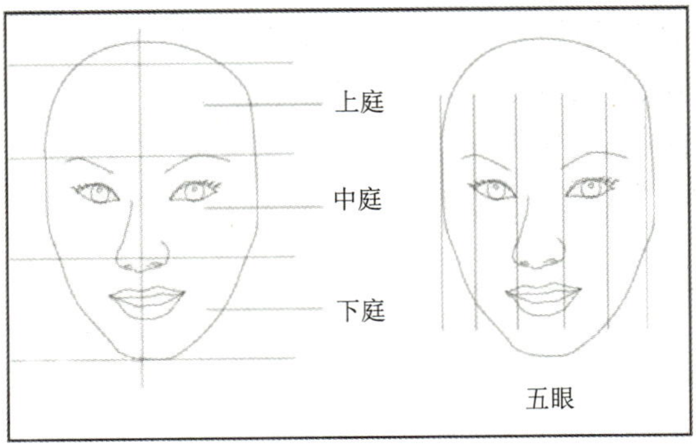

一个人的脸型如果符合这个比例就会产生匀称感；如果不符合，就要通过化妆，通过

一定的化妆技巧进行调整。

2. 皮肤的分类

皮肤性质可分为：油性皮肤、干性皮肤、中性皮肤、混合性皮肤、敏感性皮肤。油性皮肤：面部油亮光泽，肌纹粗，毛孔明显，易生粉刺，但不易生皱纹，宜选用皮肤表面清洁的化妆品；干性皮肤：外观洁白细嫩，油脂分泌量少，毛孔不明显，不易长粉刺，但脸部无光泽，易起小皱纹，应选保湿成分的化妆品；中性皮肤：也称正常皮肤，油脂分泌量适中，皮肤表面油滑滋润，富有光泽，是比较理想的皮肤，可选中性化妆品；混合型皮肤、额头、鼻子、下巴部位偏油性。其他部位偏干性，可混合使用适合油性和干性的化妆品；敏感性皮肤：是一种问题皮肤，皮肤看上去很薄，容易看到血丝，皮肤容易发红，温度过冷过热都容易发红，是一种容易受环境因素、季节及面部保养品刺激的皮肤。这种皮肤要注意保湿，减少外界物质对皮肤的刺激；当然，随着年龄的增长和季节的变化，皮肤的性质也会有所变化。

市场上的化妆品种类繁多，大致可分为两大类，即基础化妆品和修饰性化妆品。基础化妆品是指保护皮肤、净化皮肤经常使用的化妆品，如：洗面奶、爽肤水、润肤霜等；修饰性化妆品是指美化修饰用品，如：粉底液、口红、眉笔、胭脂等。

（二）简单的化妆步骤及技巧

化妆是一门学问，要使化妆达到美化人的效果，就必须认真研究，掌握不同性别不同场合化妆的基本方法和技巧。化妆的正确顺序如下。

（1） 清洁皮肤（按肤质购买洗面奶）

（2） 上爽肤水（给皮肤补充水分或收缩毛孔，平衡皮肤的酸碱度）

（3） 上营养霜（给皮肤补充营养）

（4） 上粉底液（让皮肤显得细腻、美白。选择接近自己肤色的粉底液）

（5） 上粉饼或散粉（定妆作用）

（6） 画眉（眉头淡、眉坡深、眉峰高、眉尾要清晰）

（7） 眼影（塑造眼睛的轮廓与个性，选择与自己衣服颜色相配的眼影）

（8） 画眼线（上方从眼睛三分之二的地方往眼角方向画，下方画二分之一，也有人不画下眼线）

（9） 画唇线（按照自己的口型画，让嘴唇更加立体、动人）

（10） 上口红（口红要与自己的衣服相配，上口红避免太红太深）

（11） 打胭脂（打胭脂要轻薄，看不出明显胭脂的痕迹）

（12） 夹睫毛、上睫毛膏

四、头发的修饰

（一）头发清洗与护理

头发是容貌清洁修护的重要部位，蓬头垢面在社交场合是极为失礼的。光亮、柔顺的秀发，再配以端庄、美观的发型，不仅可以为自己的容貌增辉，还会受到人们的尊重和欢迎。头发的科学护理主要分护发和美发两个步骤。护发是美发的基础，需及时按摩清洗，适时营养调理。美发是护发的目的，需精心设计发型，认真修剪美化。

（1） 清洗头部：头发应当适时清洗。洗发可以去除在头发上的灰尘和头皮的分泌物，有助于头发的生长和健康，尤其是油性头发，更加应该勤洗。

（2） 梳理头发：梳理头发不仅能使头发整齐美观，而且也是一种健美的运动，可以促进头发的血液循环，使头发的根部营养输送到发茎、发梢部分，可以保持头发的光泽和柔软。出门前、上班前、摘下帽子时、下班回家时等都要对着镜子认真梳理头发。

（3） 按摩头部：按摩头部是增加头发健康的重要手段。正确的方法是，将十指分开，从前向后做环状揉动，反复多次，按摩后产生头皮发热和紧缩的感觉，有利于促进头部的血液循环，促进头发生长，防止头发脱落。

（4） 季节护理：春天是头发生长最快的季节，但因新陈代谢旺盛，头发中的水分易蒸发，应注意护理头发，适当增加营养。夏天出汗多，应勤洗头，外出是注意防晒，以防止强光损伤头发。秋季气候干燥，头皮屑多、易脱落，因此，要多用护发产品加强护发。冬季气温低，头发的新陈代谢会减弱，应减少洗头的次数，给头发补充营养，并适当按摩头部。

（二）美发的设计

美发的设计强调发型自然和修饰美的结合。发型设计的基本要求是美观、大方、整洁、实用。发型设计要领是：根据不同年龄、发质、体型、季节、脸型、职业、气质等因素设计出与之相应的个性发型，以体现人们的审美要求、性格情趣和与时俱进的精神风貌。

五、口腔清洁

保持口腔的清洁，首先要坚持每日早晚刷牙，清除口腔细菌、饭渣。防止牙石沉积。刷牙时应顺着牙缝的方向上下刷，牙齿的各个部位都要必须刷到，刷牙时间至少在三分钟以上。另外，不吸烟，不喝过浓的茶，以防止牙齿变黄。

不可以当众剔牙，若饭后一定要剔牙，应用手加以掩盖；进餐时，应闭嘴咀嚼，不能发出咀嚼的声音；与人交谈时，口角不应有白沫；工作之前或与人交往不要吃葱、蒜、韭菜等带有强烈异味的食物，更不能饮酒过量，引起他人的反感；不能在人前嚼口香糖，特别是与人一边说话一边嚼口香糖就更不礼貌了。

六、手部清洁

当你与人交往时、执行公务时、接听电话时或就餐时，对方都会先看到你的手，形成一种印象。所以在仪表中，手占有很重要的位置。同时，手的清洁与否能反映出一个人的修养与卫生习惯。要随时清洗自己的双手，要注意修剪与洗净指甲。

第二节 仪　表

一、仪表的定义

仪表是综合人的外表，它包括人的形体、容貌、健康状况、姿态、举止、服饰、风度等方面，是人举止风度的外在表现。风度是指举止、行为、待人接物时，一个人的德才学识等各方面的内在修养的外在表现。风度是构成仪表的核心要素。

一个人的衣着打扮代表着他的职业与品位，职场中的人必须牢记这一点，当你敲门进入面试场所时，招聘者第一眼看到的就是你的衣着打扮，无论约会、面试还是开会，第一印象非常重要，印象的形成百分之八十五以上是来自于非语言信息，对于是否被录用有着很大的影响，当然，也不是说，你着装得体打扮合适就一定能通过面试，但有一点是肯定的：如果你衣着打扮不合适，就一定没有录用的机会。

穿什么服装能表现出你是一个怎样的人，如果你穿着得体大方的正装去面试，不仅表现你对招聘者的尊重，还能给招聘者留下良好的印象，一张图片能够抵上千言万语，看到的总比听到的印象深。

二、仪表修饰应遵循的原则

适体性原则：要求仪表修饰与个体自身的性别、年龄、容貌、肤色、体型、个性、气质及职业身份等相适宜和相协调。

时间、地点、场合原则：简称 T. P.O 原则，即要求仪表修饰因时间、地点、场合的变化而相应变化。使仪表与时间、环境氛围、特定场合相协调。

整体性原则：要求仪表修饰先着眼于人的整体，再考虑各个局部的修饰，促成修饰与人自身诸多因素之间的协调一致，使之浑然一体，营造出整体风采。

适度性原则：要求仪表修饰无论是修饰程度，还是在饰品数量和修饰技巧上，都应把握分寸，自然适度。追求虽刻意雕琢而又不露痕迹的效果。

第三节 仪　态

仪态是指一个人的身体姿态，主要包括站、行、坐、手势及面部表情等举止活动。体姿是人的仪表美的动态展示。人际交往中，一个人的体姿不仅能反映出他的道德修养和文化水平，而且能表现出他与别人交往是否有诚意，甚至还可能影响到国际和集体的形象。

一、站姿

正式或非正式的场合中第一个引人注目的姿势就是站姿。站姿是以静为造型的动作，是一切动态美的起点和基础，是人际交往中一种最基本的举止。优雅的站姿能衬托出人们高贵的气质和风度。

（一）标准的站姿

标准的站姿给人的总体感觉是挺直、均匀、灵活、挺拔。

其要领是：

（1） 头正颈直，目光平视，嘴唇微闭，下颌微收，面部带有微笑、平和自然且与身体平行。

（2） 躯干自然挺直、挺胸、收腹、立腰、双肩平直。

（3） 双臂放松，两腿并拢挺直，膝盖放松，两脚跟靠紧，大腿微收紧，身体重心落于两腿与两腿正中。

（4） 女士站立时，要求双臂自然放松，将右手搭在左手上，拇指交叉，体现女士线条和流畅美。脚跟并拢，脚尖张开约 45 度～60 度，成“V”字型。女士如需要在公众面前登台，则可采用 3/4 站姿，即“丁字式”站法，上体要保持标准姿势。

男士可将两脚分开与肩同宽，右手握住左手置于腹部，或双手在身后交握放于臀部，或手臂自然下垂、双手放于体侧。双手放在臀部两侧可塑造出男性的轮廓美。

总之，标准的站姿整体看身体有被拉长的感觉。男士与女士的站姿也应该形成不同的风格：男士的站姿重心分注两足，以展示刚毅潇洒、挺直如松的气度；女士的站姿可将身体重心移至一足，以突出女性庄重大方，秀雅柔美的风韵。

端庄优美的站姿

站姿训练：

（1） 按照站姿的基本要求练习，老师不断提醒动作要领，并逐个纠正。学生进行自我调整，尽量用心去感觉动作要领。训练时可以放些优雅、轻松的音乐，调整学生的心境，使微笑更加自然。

（2） 贴墙站立。要求后跟、小腿、臀部、双肩、后脑都紧贴墙，俗称“五点成一线”，让学生感觉到身体上下处在一个平面。

（3） 背对背站立。要求学生两人一组，背对背站立，两人的小腿、臀部、双肩、后脑勺都紧贴，两人小腿之间夹一张白纸或者一本杂志，不能让其掉下，如夹不紧可以用一条绳子捆绑住膝关节，经常训练可以纠正O型腿和外八字走路姿势。

站姿训练可以结合微笑训练进行，强调微笑自然，始终如一，配上悠扬、欢快的音乐调整学生的心情。

站姿训练

二、坐姿

动态美扣人心弦，静态美同样也令人心旷神怡。坐姿的基本要求是“坐如钟”，即坐相要像钟一样端正。文雅端庄的坐姿，不仅会给人沉着、稳重、冷静、优美的感觉，还能展示一个人的高贵气质和风度。

（一）坐姿的基本要领

落座后，上身正直，两肩放松，下颌内收，脸带微笑；女士任何时候都必须双膝并拢，不能分开；女士穿裙子入座时，用手将裙子往前拢一下后入座。男士双膝可以略分开，双手心向下自然放在大腿之上，也可将双手搁放在椅子或是沙发扶手上，而女士只搭一边的扶手，以示高雅。坐在椅子上，应至少坐满椅子的三分之二，宽座沙发则至少坐二分之一。落座后至少10分钟左右不要靠椅背。时间久了，可轻靠椅背。

（二）常用的几种坐姿

（1） 标准式。上身正直上挺，双肩自然下垂，两手放在两腿或座位的扶手上，双膝并拢，小腿垂直落于地面，男士两脚自然分开，双手掌心向下自然相交或两手呈八字形放在大腿上；女士两脚保持小“丁”字步型，左手放在左腿上，右手搭在左手背上或两手轻握搁放两腿之间并靠近小腹。

（2） 双腿斜放式。双膝先并拢，然后双脚向左或向右斜放，力求使斜放后的腿部与地面呈 45 度角。这种坐姿适用于穿裙子的女士在较低处就座使用。

（3） 双脚交叉式。双膝先要并拢，然后双脚在踝部交叉。交叉后的双脚可以内收，也可以斜放，但不宜向前方远远直伸出去。这种坐姿适用于各种场合，男女都可选用。

（4） 双腿叠放式。将双腿完全地一上一下交叠在一起，交叠后的两腿之间没有任何缝隙，犹如一条直线。双腿斜放于左或右一侧，斜放后的腿部与地面呈 45 度角，叠放在上的脚尖垂向地面。这种坐姿适合于身份地位高的人士，或穿短裙子的女士采用。

双腿斜放式

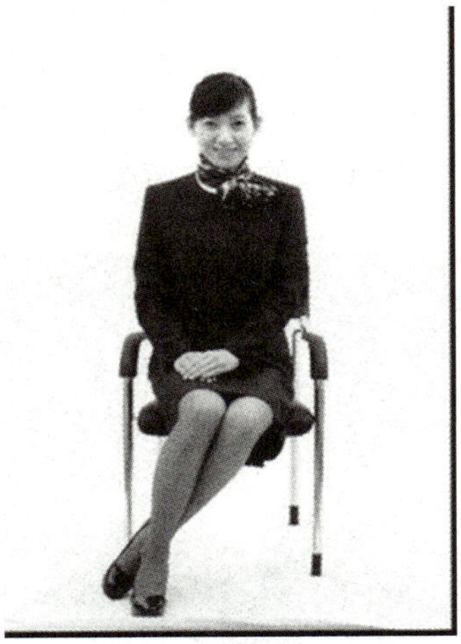

双腿交叉式

双腿叠放式

（三）坐姿练习

（1） 在高低不同的椅子及不同的气氛与环境下练习各种坐姿。起立时，速度适中，既轻又稳。

（2） 女子强调双膝不能分开，可以用一张纸夹在双膝之间，做到起坐不掉下。

三、走姿

走姿是在站姿的基础上展示动态美的延续动作。标准的行姿不仅会使人的身体各部位散发出青春的活力和迷人的魅力，还能充分展示一个人的风采和气韵。

（一）走姿原则

应从容、平稳、直线。两肩平稳，双臂摆动适中，身体重心微微前倾。

（二）正确的走姿

标准良好的走姿应当身体直立、收腹直腰、两眼平视前方，双臂放松在身体两侧自然摆动，脚尖微向外或向正前方伸出，跨步均匀，两脚之间相距约一只脚到一只半脚，步伐稳健，步履自然，要有节奏感。起步时，身体微向倾，身体重心落于前脚掌，行走中身体的重心要随着移动的脚步不断向前过渡，而不要让重心停留在后脚，并注意在前脚着地和后脚离地时伸直膝部。除上述要求外，还要注意男女步态风格有别。男步稍大，步伐应矫健、有力、潇洒、豪迈，展示阳刚之美。女步略小，步伐应轻捷、蕴蓄、娴雅、飘逸，体现阴柔之美。

在日常生活中应当避免走路时身体前俯、后仰，或两个脚尖同时向里侧或外侧呈八字形走步，步子太大或太小，这都给人一种不雅观的感觉；双手反背于背后，这会给人以傲慢、呆板之感；身体乱晃乱摆，也会让人觉得轻佻，缺少教养。

总之，把握好以上的走姿要点，一定展现出“行如风”的动态美。从整体上给人以精神饱满、潇洒自如、矫健轻快、从容不迫的愉悦感受。

标准的走姿

（三）走姿训练

（1） 走直线。有条件的可以在形体房进行，没有的话可以在地上画一条直线，行走时双脚内侧稍稍碰到这条线，即证明走路时两只脚几乎是平行的，配上节奏明快的音乐，训练行走时的节奏感。强调眼睛平视，不能往地上看，收腹、挺胸、脸带微笑，充满自信和友善。

（2） 顶书而行。这是为了纠正走路时摆头晃脑的毛病，而保持在行走时头正、颈直的训练。

（3） 练习背小包，拿文件、公文包时的行走练习。

四、蹲姿

在正式场合，蹲姿通常是在取放物件、拣拾落地物品或合影置于前排时不得已而为之的动作，用得不多，但是最容易犯错误，因而值得一提。

优雅的蹲姿基本要领是屈膝并腿，臀部向下，上身挺直。其姿势主要有以下两种：

（1） 交叉式蹲姿：下蹲时左脚在前，右脚在后。右小腿垂直于地面，全脚着地，右腿在后与左腿交叉重叠，右膝由后面伸向左侧，右脚跟抬起，脚掌着地。两腿前后靠近，合力支撑身体。臀部向下，上身稍前倾。

（2） 高低式蹲姿：下蹲时右脚在前，左脚稍后，两腿靠紧向下蹲。右脚全脚着地，小腿基本垂直于地面，左脚脚跟提起，脚掌着地。左膝低于右膝，左膝内侧靠于右小腿内侧，形成右膝高左膝低的姿态，臀部向下，基本上以左腿支撑身体。

交叉式蹲姿

高低式蹲姿

在此值得注意的是：

第一，男士可以选择第二种，只是两腿之间可有适当的距离。而女士无论是采用哪种蹲姿，都要切记将双腿靠紧，臀部向下。而无论是男士、女士都应上身挺直，使重心下移。

第二，女士绝对不可以双腿敞开而蹲，是最不雅的动作。在公共场合拿取低处物品或拾起落在地上的东西时，应避免弯上身和翘臀部；特别是穿裙子时，如不注意背后的上衣自然上提，露出臀部皮肉和内衣是很不雅观的。

第三，在公众场合下蹲，应尽量避开他人视线，尽可能地避免后背朝人和正面朝人。站在所取物品的旁边，不要低头，也不要弓腰，要慢慢地把腰部低下去拿，这样只要两个膝盖并拢，两腿合支撑身体，使重心下移，臀部向下，上体保持直线，蹲姿就会显得典雅优美。

五、鞠躬

鞠躬是问候的一部分，在现代交际活动中，向地位高，辈分高的人表示尊敬和虔诚时，经常运用到鞠躬这种谦恭的举止，表示对他人的尊重。

鞠躬动作要领是：

（1） 先说问候语再鞠躬（说话和鞠躬不可同时进行）。

（2） 自腰以上向下前倾，抬起慢于下弯（脱帽，脸带笑容，保持正确的站立姿势，两腿并拢，脖子不可伸得太长，上半身和头部呈一直线，目视受礼者。男士双手自然下垂，贴放于身体两侧裤线处，女士的双手下垂搭放在腹前。下弯的幅度可根据施礼对象和场合决定鞠躬的度数。一般 30 度，而 90 度大鞠躬常用于特殊情况）。

（3） 眼神：对方眼睛——对方脚——对方眼睛。

（4） 受鞠躬应还以鞠躬礼。

（5） 晚辈要先鞠躬，鞠躬要相对深一些。

鞠躬礼

行鞠躬礼的先后顺序：晚辈对长辈、学生对老师、下级对上级、表演者对观众等都可行鞠躬礼。领奖人上台领奖时，向授奖者及全体与会者鞠躬行礼；演员谢幕时，对观众的掌声常以鞠躬致谢；演讲者也用鞠躬来表示对听众的敬意。

六、手势

手势表现的含义非常丰富，表达的感情也非常微妙复杂，如招手致意、挥手告别、拍手称赞、拱手致谢、举手赞同、摆手拒绝；手抚是爱、手指是怒、手搂是亲、手捧是敬、手遮是羞等等。手势的含义，或是发出信息，或是表示喜恶表达感情。能够恰当地运用手势表情达意，会为交际形象增辉。

人在紧张、兴奋、焦急时，手都会有意无意地表现着。作为仪态的重要组成部分，手势应该得到正确的使用。手势也是人们交往时不可缺少的动作，是最有表现力的一种“体态语言”，俗话说：“心有所思，手有所指”。手的魅力并不亚于眼睛，甚至可以说手就是人的第二双眼睛。

（一）典型手势

1. 掌心向下的招手动作

在中国主要是招呼别人过来，但在美国是叫狗过来（因此要注意使用场合）。

2. 翘起大拇指

一般都表示顺利或夸奖别人。但也有很多例外，在美国和欧洲部分地区，表示要搭车，在德国表示数字“1”，在日本表示“5”，在澳大利亚就表示骂人。与别人谈话时将拇指翘起来反向指向第三者，即以拇指指腹的反面指向除交谈对象外的另一人，是对第三者的嘲讽。

3. OK 手势

拇指、食指相接成环形，其余三指伸直，掌心向外。OK 手势源于美国，在美国表示“同意”、“顺利”、“很好”的意思；而法国表示“零”或“毫无价值”；在日本是表示“钱”；在泰国它表示“没问题”，在巴西是表示粗俗下流。

4. V 形手势

这种手势表示“胜利”。但如果掌心向内，就变成骂人的手势了。

5. 举手致意（或挥手致意）

这种手势用来向他人表示问候、致敬、感谢。当你看见熟悉的人，又无暇分身的时候，就举手致意，可以立即消除对方的被冷落感。要掌心向外，面对对方，指尖朝向上方千万不要忘记伸开手掌。

6. 与人握手

在见面之初、告别之际、慰问他人、表示感激、略表歉意等时候，往往握手示意。一是要注意先后顺序。握手时，双方伸出手来的标准先后顺序应为“尊者在先”，即地位高者先伸手，地位低者后伸手。如果是服务人员通常不要主动伸手和服务对象相握。和人握手时，一般握上3～5秒钟就行了。通常，应该用右手和人相握。左手不宜使用，双手相握也不必常用。

7. 双手抱头

很多人喜欢用单手或双手抱在脑后，这一体态的本意是放松。在别人面前特别是给人服务的时候这么做的话，就给人一种目中无人的感觉。

8. 摆弄手指

反复摆弄自己的手指，要么活动关节，要么捻响，要么攥着拳头，或是手指动来动去，往往会给人一种无聊的感觉，让人难以接受。

9. 手插口袋

在工作中，通常不允许把一只手或双手插在口袋里的。这种表现，会让人觉得你在工作上不尽力，忙里偷闲。

（二）注意事项

不同的手势，表达不同的含义。那么我们在运用手势的时候要注意什么呢？

（1） 区域性差异：在不同国家、不同地区、不同民族，由于文化习俗的不同，手势的含意也有很多差别，甚至同一手势表达的涵义也不相同。所以，手势的运用只有合乎规范，才不至于无事生非。

（2） 手势宜少不宜多。多余的手势，会给人留下装腔作势、缺乏涵养的感觉。

（3） 要避免出现的手势，在交际活动时，有些手势会让人反感，严重影响形象。比如当众搔头皮、掏耳朵、抠鼻子、咬指甲、手指在桌上乱写乱画等。

七、微笑

微笑是服务工作岗位的一种标准表情。俗话说：“微笑是打开人们心扉的世界通用语言”，是社交的通行证、人际交往的润滑剂，它可以马上拉近人与人之间的距离。一项调查询问数名男士“你最喜欢的女性脸部表情是什么？”答案大部分都是微笑。有时一个微笑只是一瞬间，但人们对它的记忆却是永恒。“回头一笑百媚生，六宫粉黛无颜色”，女人的微笑是最美、最有吸引力的！

微笑的主要特征是：面含笑意，但笑容不甚显著。微笑的基本方法是：（1）先要放松自己的面部肌肉，然后使嘴角微微地向上翘起，让嘴唇略弧形，最后，在不牵动鼻子、不发出笑声、尤其是不露出牙龈的前提下露出笑容。（2）微笑必须注意整体配合，除注意口形之外，还要注意面部肌肉、眼睛等器官的配合。通常一个人在微笑的时候，应该目光柔和发亮，眉头自然舒展，眉毛微微上扬。除此之外，应避免耸动自己的鼻子与耳朵。（3）微笑要发自内心，如果内心充满温和、善良及友爱的情感时，那么笑容一定会非常甜美、非常动人、更加传神。（4）微笑应与语言结合，配合上“您好!”、“欢迎光临”等。

迷人的微笑

（一）微笑的“四要”

一要口眼鼻眉肌结合，做到真笑。发自内心的微笑，会自然调动人的五官，使眼睛略眯、眉毛上扬、鼻翼张开、脸肌收拢、嘴角上翘。

二要神情结合，显出气质。笑的时候要精神饱满、神采奕奕、亲切甜美。

三要声情并茂，相辅相成。只有声情并茂，你的热情、诚意才能为人理解，起到锦上添花的效果。

四要与仪表举止的美和谐一致，从外表上形成完美统一的效果。

（二）微笑的“四不要”

一不要缺乏诚意、强装笑脸。

二不要露出笑容随即收起。

三不要仅为情绪左右而笑。

四不要把微笑只留给上级、朋友等少数人。

（三）微笑练习

请同学们先准备好一面小镜子，以便辅助训练。

用手遮住自己的鼻子和嘴，只露出眼睛，练习让自己的眼睛笑起来。这时眼角是微微上提的，眉头也一定是舒展的，就是我们说的眉开眼笑。

上扬嘴角 10 秒钟后，恢复原状，隔 3 秒再来一次，如此重复 3 次。在嘴角上扬还可以仰头，保持头颈肌肉的紧张和伸展，有利于颈部皮肤更加紧致和富有弹性。

经过嘴角上扬操的练习，大多数女性都可以在与人接触时，嘴角保持自然上扬状态，显得更加年轻、柔和。不但会笑得更美，而且原本有下垂趋势的面颊肌肉，经过一段时间的练习后，也会比以前更紧实了。让你看上去更自信、开朗，达到美容的效果。

对着镜子，咬住一根筷子，露出上排牙齿，你可以用双手按住两颊肌肉，调整嘴角上扬的角度，直到你认为是最好的位置为止。然后把筷子拿掉，这就是你最理想的微笑表情。看着镜子，记住这个表情。

微笑练习（咬筷子练习）

当然，真诚的微笑应该是发自内心的，要口到、眼到、心到、情到，从心里把对方当成自己最诚挚的朋友，这样的笑容才是最美，最打动人心的！

第四节 服饰规范

人们对一个人的第一印象往往来自于他的服装。例如，当你步入一个房间时，即使房间里没有人认识你或以前不曾见过你，但是，他们仅仅基于你的外表就可以对你做出如下的推断：你的经济水平、文化程度、可信任程度、社会地位、家庭社会地位、家庭教养、是否是成功人士、品行如何等。因此，一个人要想在社交场合让人们迅速地接纳你、喜爱你，就必须懂得根据不同的服装类型和礼仪场合得体地着装。

一、服装的类型

服装的类型主要分为三类，即正式服装、职业便装和休闲服装。

1. 正式服装

正式服装指在正规的、隆重的场合穿的服装。一般适用于晚间办公室以外的场合举行的正式活动，尤其是商务活动，如与客户去剧院看戏或去参加交响音乐会，有时也用于单位的节日晚会、联谊活动、正式晚宴等。

男士的正式服装主要有西服套装、中山装、制服及民族服装等。其中最普遍使用的正式服装是西服套装。它要求质地比较考究，颜色统一，呈深色，系领带，配上黑色皮鞋，袜子的颜色要比皮鞋的颜色深。女士的正式服装主要有西服套裙、旗袍、连衣裙、民族服装等。在隆重而正式的活动中，女士通常应穿裙装，配有跟的皮鞋和肉色丝袜，皮鞋颜色要与服装的颜色一致或稍深些，袜口不能落在裙口下，袜子不能有破损。

2. 职业便装

职业便装是职业服装中的一种，常用于会议、研讨会、公司组织的活动或办公室“非正式着装日”等普通上班场合。不同于正式场合那么正规，颜色、质地相对不那么考究，但要求符合一切传统职业服装的标准：形象优美、干净合体、整洁端庄。一般男士上班穿着西服、衬衣，有的企业还要求打领带，衬衣纽扣必须扣好。女士的职业便装包括衬衫裙子、套裙或合体的长裤、衬衫配保守式样的外套等。不可穿过于新潮或暴露的服装。除非要去参加体育活动，一般不要穿运动鞋或凉鞋。无论是否统一着装，上班的着装必须庄重整齐，它表明了员工的责任感和可信程度，也表现了对他人的尊重。

3. 休闲服装

休闲服装指家常服装、运动装等，如 T 恤衫、连衣裙、牛仔服、运动服、夹克衫、羊毛衫。这些服装不应出现在正式场合和办公场所。休闲服有随便、宽松、舒适的特点，适用于外出旅游、参观游览或休闲在家，可以根据自己的特点、爱好去选择。如果在旅游和运动时穿正式服装，会让人感到拘谨，与轻松气氛格格不入。

二、事业成功的服饰奥秘

事业是人生的重要组成部分，没有事业，人生就缺少意义和幸福。因此一个人要想在事业上有所建树，他的服饰就应传递出这样的信息：我是一个严肃、认真、称职、能干的人，我的意见你应该认真考虑。而要做到这一点，就请考虑以下建议，以求使人对你产生好感与信任。

（一）职业女士服饰成功的奥秘

职业女士，尤其是白领女士服饰成功的秘诀主要可归纳为以下三个方面。

（1） 最理想的办公室着装是西装、套裙和保守式样的连衣裙。而浅色和鲜艳的服饰则很难产生这种感觉。冬季里，传统式样的风衣、西装大翻领、驼色大衣等都能赋予女性庄重的魅力，给人一种在事业和社交方面都很成功的印象。只是要注意大衣一定要够长，必须盖住里面的裙子。

（2） 办公室着装应讲究质量，力求高档，剪裁入时，做工精细，饰物应具有个性。与套装相配的衬衣要精致，色彩要协调，服饰要少而精，颈项合适者尤以男式衬衣领为佳，上面松开一个扣子，更显潇洒、自然。夏季的连衣裙选料应避免过多的服饰物、新潮图案、花卉图案等，凡是走起路来粘身、出声和闪光的衣料做成的长裙都是会给人虚浮感觉，不适合做办公室服装。

女士套裙

（3） 与办公室服装相配的包、鞋和首饰应当在风格和比例上与整套服装和谐，体现出穿着者的个性。通常，鞋以深色的不露脚趾和脚跟的船型鞋为宜。鞋跟为中跟，以蓝黑、深棕色为好，深栗色、米色和黄褐色也可。一切色彩鲜亮的鞋都不适合在办公室里穿，高跟鞋也不应在上班时穿。至于袜子应选择肉色丝袜或连裤袜。在办公室内还应备有长筒袜，以防万一脚上穿的破损时立即替换。提包应该是真皮的、质地良好的女式包。手套应是皮的，深棕色最好，黑色和灰色也可以。上班时首饰戴得越少，形象效果越好。如戒指最好只戴一枚；如果耳朵已扎眼，应戴一副普通的耳饰，任何悬摆、叮当作响的环镯类饰物都是应避免在办公室里佩戴。

总之，职业女性应特别注意，在力戒办公装过分鲜艳、繁杂、暴露、透视、短小、紧身的同时，一定要把上、下班的服装严格区分开来，在办公室以外的非正式场合不要穿办公室套装，应尽量展示自己的女性美，维护办公装的庄重性。

（二）职业男性着装成功的要领

职业男士尤其是白领男士在日常办公或是在现代交际的正规场合最为体面的装束就是西装，而要使西装穿着得体必须把握以下要领：

1. 选择西装的礼仪原则

选择西装必须考虑颜色、款式、面料和做工等因素，力求达到裁剪立体、整洁笔挺、搭配协调，给人以诚实、可靠、精干的印象。具体要求如下：

（1） 面料挺括。高雅、严肃的场合穿着西装力求高档，以不易起皱的全毛或含毛料较高的混纺面料为好，一般要配套穿着。皮革、真丝、人造丝、粗斜纹和有条纹的厚面料做成的休闲西装适合在较随便的场合穿，一般最好不要配套穿。

（2） 颜色和谐。正式场合穿的西装可采用黑色、深蓝、深灰等颜色的面料，日常穿的休闲西装颜色可以有所变化。根据西装——衬衫——领带这三者的顺序，可排列出下列几种配色方法供参考。深——淡——深：如西装深蓝、衬衫为淡蓝、领带为深蓝色的，这是普遍搭配法；淡——中——淡：如西装驼色、衬衫为棕色、领带为驼色，这种搭配法让人产生舒适明快的感觉；深——中——淡：如西装黑色、衬衫深灰色、领带浅灰色，这种搭配给人留下优雅美观的印象。

（3） 款式得体。西装的款式可分为英国、美国、欧洲、日本四大流派。各流派之间的差异并不是很大，英式西装剪裁得体；美式西装宽大飘逸，后开两个叉；英式与日式西装通常更适合中国人穿，但在选择西装时更应考虑自己的体型。

（4） 做工精细。西装七分在做，三分在穿。挑选西装时，检查其做工的优劣需注意以下六点：①看其衬里是否外露；②看其衣袋是否对称；③看其纽扣是否缝牢；④看其表面是否起泡；⑤看其针脚是否均匀；⑥看其外观是否平整。

2. 穿西装的细节讲究

西装的整体配套主要包括外套、衬衫、领带、皮鞋和袜子等。穿着时应注意以下细节：

（1） 关于纽扣。细心的人会发现，在西方，被介绍与他人初次见面时、谒见上司和陌生女士时、应邀上台演讲时，人们总是很快地扣好西服的第一粒纽扣，以示对他人的尊重。纽扣的系法很有讲究：在穿着双排扣西服时，必须扣上全部衣扣。穿单排三粒扣西服时，仅扣上第一粒或中、上两粒扣子；穿单排两粒扣西服时，只能扣上第一粒扣子；不允许扣上单排扣西服的全部衣扣，因为“扣上粒，为正式；两粒都扣显土气；一粒不扣是潇洒，只扣下粒太俗气”。

（2） 关于衬衫。领子必须是硬质的，衬衫的大小以扣上领口扣子后，食指能上下自由插进为标准。袖子长度以露出西装袖 1～2 厘米为标准。衬衫的下摆必须扎进西裤里面。不打领带时不要扣衬衫的第一粒纽扣，否则会给人以忘了打领带的感觉。长袖衬衫不与西装上衣同穿时，袖口可挽两次，但绝对不能挽过肘部；要打领带则不能挽衣袖，袖口也应扣好。

男士西装

（3） 关于领带。领带的前身是领巾，出现于 17 世纪的法国。领带作为西装的灵魂，如今已被人们公认。一个人如果不系领带，敞着领口去参加正式的社交活动，一定会被认为衣冠不整，缺乏礼貌。选择领带的关键是色彩一定要与西装和衬衫颜色协调，除此，还应注意选配质量较好、款式较新的领带，千万不可选易拉结（即懒人领带），因为在正式场合佩带它会有失体面与风度。领带的结法很多，最常用的有普通型结法、标准型结法与潇洒型结法。领带总体要求是挺括、端正，并且外观呈倒三角形，结的大小最好与衬衫领子的大小形状正比，领带中部尽量压出一道小槽，显得活泼，如同男人的酒窝。领带打好后的标准长度，是其下端的大箭头正好抵达皮带扣的上端。如果穿有鸡心领的坎肩或羊毛衫，应将打好的领带置于坎肩与衬衫之间或羊毛衫与衬衫之间。

（4） 关于领带夹。领带夹作为饰物的主要用途是固定领带，一般情况下不要用领带夹，行走时，领带随风飘起，显得英俊潇洒。穿西服套装使用领带夹时，应将其别在特定的位置，即从上往下数，在衬衫的第四与第五粒纽扣之间，然后扣上西装上衣的扣子，从外面一般应当看不见领带夹。因为按照妆饰礼仪的规定，领带夹如果稍许外露还说得过去，如果把它别得太靠上，甚至直逼衬衫领扣，就显得过分张扬。

（5） 关于衣袋。西装衣袋的用处是特定的，不能随便使用。左胸内侧衣袋可装名片；

右胸内侧衣袋装打火机、香烟；上装左外侧衣袋插放叠成花形的手帕；裤兜不装东西，后兜可装少量零钞或手帕。

（6） 关于皮鞋。俗话说：“脚底无鞋穷半截。”身着笔挺西装的男士，只有配上一双美观、大方的深色系带皮鞋，才能更显绅士风度。购鞋时，个子高大的男士应选择尖头、轻巧的款式；个子较矮的男士则应避免穿带有较高后跟的鞋，因为那样会把别人的视线吸引到你的脚上，使你显得更矮。应特别注意的是，在礼仪场合必须保证鞋面光亮明净。至于袜子，选择与皮鞋颜色近似或相同的单色、深色中长袜为好，带不显眼的条纹、方格图案的也可以，但颜色应比西装深一些。

穿西服套装总体应把握三点：

（1） 支持“三色原则”即全身不要超过三个色系，颜色要尽量少，但西装、衬衣、领带、鞋袜不要完全一样，那样会显得呆板。

（2） 遵守“三一定律”，即鞋子、腰带、公文包在颜色的择配上至少应当保持一致，才能体现出装束的整体美。

（3） 重视“三大禁忌”，即不穿白色袜子和尼龙袜子；打领带不穿夹克；西服袖口的商标牌应及时摘掉，否则不符合西服的穿着规范。

打领带方法如下图。

（三）正式场合的服饰准则

服饰是一种社会符号，它能比较充分、准确地代表和反映人们的社会角色、社会地位和社会要求。在正式而隆重的场合，人们的服饰如若体现以下两项准则，就有可能得到最佳的交际结果。

1. 展示个性魅力

展示个性魅力，只要符合特定社会角色的要求，那就可以通过个性化的衣着来展示其特殊魅力的。

2. 服从社交宗旨

服从社交宗旨是指在特殊意义场合，人们应进行独具匠心的刻意装扮，甚至是不惜牺牲个性风格，以求通过服饰达到社交目的。

三、日常生活的服饰礼仪

当今世界，随着生活水平的提高，人们对美的认识和欣赏能力也在不断提高，尤其是各国女性在服饰上都体现出独特的韵味。例如，美国女性爱着色彩缤纷的服装，显得开放自信；英国女性喜穿款式大方的中性色系服装，显得十分稳重；法国女性服装雅致，不画浓眉，透出无穷韵味；德国女性装束单色、严谨，看上去非常朴素；瑞士女性面色红润，常着冷色服装，感觉十分健康；俄罗斯女性性格奔放，爱穿束腰宽衣裙和风衣，举止柔中有礼，礼中含情，给人一种亲近和善的美感；中国女性装束，文静中透着好强，贤惠中蕴藏着泼辣，显得自信而坚强。然而，生活中的着装除了展示独特风韵，还应注意不同场合的装束礼仪。

（1） 居家休闲时可选择清爽、随意、柔软的装束，以营造温馨的家庭氛围。但在迎送宾客时，切记不要穿无袖睡衣和拖鞋，那会被认为轻浮和不礼貌的行为。

（2） 逛街、购物时应选择款式新颖、风格独特的街市服，街市服与办公服相比，少几分严肃、正统；与家居服相比多几分正规、华丽。街市服往往是时装流行的先驱，因此，不适合自己就不要盲目购买。别具一格才是你真正的选择。

（3） 旅行时应准备优质的棉麻或丝绸衣衫，款式要大方简洁、数量少而精，力求相互搭配协调。

综上所述，服饰礼仪的原则、常识和规范大致可以归纳为协调、舒适、得体、整洁、健康五个基本点。把握了这些基本点，就一定能在不同的社交场合让服饰成为你得心应手的名片，帮助你在自信与美感中赢得赞许，收到预期的礼仪效果。

思　考　题

（1） 白领女士服饰成功的主要秘诀是什么？
（2） 穿着西装总体应把握三点要求？
（3） 请结合正式场合的服饰准则，为自己搭配一款出席特定场合的服饰。
（4） 利用课余时间学习打领带。
（5） 仪容美有哪些含义？
（6） 如何保持口腔清洁？
（7） 仪表修饰应遵循哪些原则？

第三章 校园礼仪

一所学校，就是一个小型社会，学生在学校不仅要学习文化知识和专业技能，还应学会做人、做事、待人接物等。加强个人道德修养，遵守学校的规章制度和校园礼仪规范，养成良好的行为习惯，做到仪表整洁得体，举止文明大方，知礼、懂礼、守礼，才能为自己将来顺利走向社会，成为一个高素质的技能型人才打下良好的基础。

第一节 校园交往礼仪

【读一读】

程门立雪

远在北宋时期，福建将东县有个叫杨时的进士，他特别喜好钻研学问，到处寻师访友，曾就学于洛阳著名学者程颢门下。程颢死前，又将杨时推荐到其弟程颐门下，在洛阳伊川所建的伊川书院中求学。杨时那时已四十多岁，学问也相当高，但他仍谦虚谨慎，不骄不躁，尊师敬友，深得程颐的喜爱，被程颐视为得意门生，得其真传。一天，杨时同一起学习的游酢向程颐请求学问，却不巧赶上老师正在屋中打盹儿。杨时便劝告游酢不要惊醒老师，于是两人静立门口，等老师醒来。一会儿，天飘起鹅毛大雪，越下越急，杨时和游酢却还立在雪中，游酢实在冻得受不了，几次想叫醒程颐，都被杨时阻拦住了。直到程颐一觉醒来，才赫然发现门外的两个雪人!从此，程颐深受感动，更加尽心尽力教杨时，杨时不负众望，终于学到了老师的全部学问。之后，杨时回到南方传播程氏理学，且形成独家学派，世称“龟山先生”。

后人便用“程门立雪”这个典故，来赞扬那些求学师门，诚心专志，尊师重道的学子。

一、师生交往礼仪

明师之恩，诚为过于天地，重于父母多矣。

——晋葛洪《勤求》

尊师是中华民族的传统美德，也是礼仪规范的一项传统内容。教育事业是神圣的事业，老师理应受到社会的尊重。

从另外的一层意义上讲，教师的教导之所以可贵，是因为它超越了血缘亲情，无需克服溺爱的情感障碍，因此比父母亲人的教育来得客观、公正、深刻、严肃。所以应虚心接受老师的教育批评帮助，认真地改正自己的缺点错误。这同样是对老师的尊敬和热爱。

（1） 早晨进校见到老师，不管老师是否给自己任课，均应行礼、问早、问好，一般以鞠躬礼问候；平日在校园内与老师相遇，也应打招呼问好，如道路（楼梯、走廊）狭窄应向右手边跨开一步，给老师让道。中午休息时，学生尽量少打扰老师。

（2） 老师的批评若与事实有出入时，学生要在老师讲过之后平心静气地加以解释，或在事后寻找适当的场合、时机加以说明。与老师发生矛盾，学生不要顶撞老师，更不要在课下散布对老师的不满情绪，发泄无礼的言辞。

学生对老师的相貌和衣着不应指指点点，评头论足，要尊重老师的人格和习惯。对学校里所有的教职员工，要一视同仁，都要礼貌相待。

（3） 教师家访时，学生要很礼貌地将老师请进家门，将老师介绍给家长，热情地请老师坐下，沏茶倒水；老师和家长交谈时，学生可根据情况，决定是陪坐还是回避；老师告辞时，要将老师送出门，向老师致谢，与老师道别。

（4） 节假日到老师家中去拜访，要掌握好时间，既要慰问老师，又不要过分打扰老师的各种活动和休息。遇到老师生病或家中有事，前去看望的人不宜过多，应选派代表去看望，并酌情帮助老师做一些力所能及的事情。

【知识链接】

尊师礼仪你能做到吗？

（1） 见老师主动问“好”，分别时说“再见”。

（2） 进出楼道及上下楼梯给老师让行。

（3） 进办公室要喊“报告”，听到“请进”后方可进入；问老师要用“请问”，老师答后要道谢，说“再见”后再离开；不随便翻阅老师办公室的东西；不私自打开教师电脑。

（4） 指出老师的错处要有礼貌。

（5） 虚心听取老师的教诲，接受师长的教育。

（6） 对老师说实话、真话，不欺骗老师。

（7） 珍惜老师的劳动成果，按时完成老师布置的各项任务。

（8） 服从老师管理，不顶撞老师。

（9） 在校园路上遇见老师主动停下，微微鞠躬问好。遇见两个以上的老师，问“老师们好”；排队在行进中遇见老师，由领队带领全体同学问“老师好”。

（10） 与老师交谈时，要起立并主动给老师让座。

（11） 老师在办事或与别人在交谈时，不可随意打扰老师，躬身站立一侧，等老师办完事或谈完话后再找老师。

【读一读】

鹦鹉救火

一只鹦鹉从别处来到这座山，山上的飞禽走兽都对它很友善，鹦鹉在这里的日子过得相当舒适自在，但此处虽好，却不是自己久留之地，鹦鹉还是离开了这些给它带来欢乐的伙伴，飞到别处去了。

不久，这座山发生火灾火焰高耸入天，在远处的鹦鹉看见后，将身子钻进水里，要用羽毛上的水珠浇灭火山，天神对鹦鹉的这种行径很不理解，鹦鹉回答说："我也知道我这点小力救不了火，但我曾经在这山上居住过，山里的动物们曾待我如兄弟，我实在不忍心见它们面临这场大火，只好尽我所能来帮助它们！"

鹦鹉的话感动了天神，于是，天神运用神力熄灭了大火。

思考：你从这个故事中得到了哪些启示？

二、同学交往礼仪

友谊需要忠诚去播种，用热情去灌溉，用原则去培养，用谅解去护理。

——马克思

在校学习时，同学们朝夕相处，是亲密的伙伴，同学情是人生中最宝贵的财富。因此，与同学交往应相互尊重，彼此应以礼相待，和睦相处，珍惜彼此在校园中共同度过的美好时光。

（一）相互尊重

同学间应相互尊重，不伤害他人的自尊心。有些同学认为，同学之间长期相处，友谊日深，亲密无间，不必以礼相待，其实这是一种误解。同学之间的感情是在互相尊重、互相帮助、互相爱护的基础上形成的，越是如此，也就更应该珍惜这种感情，绝不能轻易地破坏它。对于同学遭遇的不幸，或偶尔的失败，学习上暂时的落后等，不仅不应嘲笑、冷漠、歧视，而且应该热情帮助。不能嘲笑有生理缺陷的同学，对同学的相貌、体态、衣着不能品头论足，更不能给同学起带侮辱性的绰号，否则，就会伤害自己伙伴的自尊心，友谊也会遭到破坏。

男女正常的交往应是文明的、健康的、平等的。男女生交往时举止既要端庄大方、自然得体，也要严肃、有分寸。男生应具有较强的自制力，做到彬彬有礼；女生则应自尊自爱，做到文雅大方。

在公共场合，男女生要保持一定的距离，不能过于随便。和异性交往时，如果主动和对方靠得太近，会给人一种轻浮、不严肃、不庄重的感觉。手拉手、拥抱、互相拍打、攀背等都是不礼貌的。男女生商讨学习、工作、生活中的问题应在教室、走廊等灯光明亮的地方或敞亮的公共场所；旅游、游泳、散步、跳舞等，要提倡集体行动。在拒绝同学的追求时要文明、有分寸，不可讥笑对方，更不可公开异性的求爱信而伤害对方。

（二）和睦相处

与同学应和睦相处，友爱团结。校内生活中，在思想上同学们要互帮互促，共同进步。对有缺点错误的同学既不要包庇袒护，也不要挖苦讽刺，应热情关怀，勉励上进；对取得了优异成绩的或进步明显的同学，应该向他们虚心学习，衷心祝贺，不应嫉妒。有意见分歧时，可心平气和地讲道理，不能用不文明的语言辱骂同学，更不能粗暴地动手打架。

（三）学习上互相帮助

在学习上，同学之间要互相帮助。学习好的同学要保持谦虚、戒骄戒躁的态度，同时要主动、真诚地帮助学习差的同学；学习较差的同学应虚心求教、独立思考，不能照抄作业或偷看答案。

（四）礼貌相待

时时处处都应与同学礼貌相待。每天早上同学相见时，应互相致意问早、问好；同学间可彼此直呼其名，但不能用“喂”、“哎”等不礼貌的用语称呼同学；在有求于同学时，必须用“请”、“谢谢”、“麻烦你”等礼貌用语；借用学习用品时，应先征得同学的同意后再拿，用后及时归还，并要致谢。

【知识链接】

不同情境中的礼貌用语

（1） 见面问候用语：“您好”，“老师好”，“同学好”，“早上好”，“晚上好”。
（2） 求助于人用语：“请，请问”，“请帮忙”，“拜托”，“让您费心了”。
（3） 受人相助用语：“谢谢”。
（4） 得到感谢用语：“别客气”，“不用谢”。
（5） 打扰别人用语：“请原谅”，“对不起”。
（6） 向人致歉用语：“对不起”，“给您添乱了”，“请多包涵”。
（7） 听到致谦用语：“不要紧，没关系”。
（8） 接待来客用语：“欢迎光临”，“很高兴认识您”，“请进，请坐”。
（9） 告别客人用语：“再见，慢走”，“祝您一路平安”，“欢迎再来”！
（10） 无力助人用语：“抱歉”，“实在对不起，请原谅”。
（11） 提醒让路用语：“对不起，请您让一让好吗”？
（12） 提醒排队用语：“请大家自觉排队，请您排队好吗”？

【知识链接】

同学礼仪

（1） 同学间要互相问候“你早”、“你好”，可点头、招手。

（2） 与同学说话态度诚恳、谦虚，语调要平和，听同学说话要专心，不轻易打断别人的话。

（3） 同学间的交往应使用礼貌用语。问同学问题，问前要用谦语“请问”、“对不起”、“打扰你一下”、“向你请教个问题”等，问后要道谢；同学回答不上来，说“不要紧，这个问题比较难回答，耽搁了你的时间，谢谢”等。

（4） 尊重同学，不给同学取绰号，或叫同学的绰号，不说使别人感到伤心羞愧的话。

（5） 同学之间互助互爱，主动帮助有困难的同学。

（6） 尊重和照顾女同学，不欺侮女同学。

（7） 向同学借东西，要先征得同学的同意。对同学的东西要特别爱护，且按时归还。

（8） 不在同学面前说长论短、搬弄是非。

（9） 不斤斤计较，对同学的过失或冒犯要宽宏大量。

（10） 讲究信用，答应别人的事要尽力办到。

第二节 校园公共礼仪

礼貌就像新鲜的空气，尽管看不见摸不着，却能使你心旷神怡。

——泰戈尔

一、进出学校的礼仪

（1） 每天上学首先要穿戴整齐，准备好当天的学习用具，出门时要向家长道“再见”。

（2） 路上遇到老师同学要打招呼问好。

（3） 按要求整齐着装，端正洁净，佩戴好校徽，不能邋遢、污损、破烂，显示出良好的精神状态。不能穿背心、拖鞋进校。

（4） 骑车的同学进出校门要主动下车。

（5） 进出校门时要注意礼貌，向执勤的老师和同学微笑、示意，虚心接受门卫与执勤的老师及同学的检查指正与督促。不勾肩搭背、嘻嘻哈哈，不追逐打闹、高声喧哗，不边吃边走。

二、课堂礼仪

学生在课堂上应表现出对老师的极大尊重。遵守课堂纪律是学生最基本的礼貌。课堂礼仪如下：

（1）为老师做好课前准备。如擦干净黑板、讲台，搬教学仪器等。在预备铃响后应马上进入教室，准备好上课用具，端坐恭候老师。

（2）当老师走进教室时，要迅速起立、姿势端正，行注目礼，清楚大声齐喊“老师好”，待老师回礼后全体坐下，不要发出太大的声响。

（3）当遇到特殊情况迟到时，要做到：

① 在门口喊“报告”，待老师允许后再进入。

② 回座位时，脚步要快而轻，动作幅度要小；不能有任何滑稽可笑的举止。

（4）仪表整洁、着装得体、姿势端正。上课时进食、嚼口香糖、听音乐、看课外读物、睡觉、做小动作、随便走动等行为都是不文明的。

（5）专心听讲，老师提问讨论时：

① 积极配合、认真思考、踊跃发言，回答声音清晰响亮；集体回答时，积极但不故意发出夸张性的声音。

② 回答时自信大方，不要故意做出滑稽的举止。

③ 在他人回答时，不应插话；当他人答错或答不上来时，不可讥讽嘲笑；不应取笑生理有缺陷的同学（如口吃等）。

（6）对老师教授的内容有异议时，可在课后找老师交换意见，共同探讨，不要轻易打断老师授课。

（7）下课铃响后，在老师说“下课”后，轻而快地起立站好，行注目礼，待老师离开后再自由活动。

（8）如有教具，应主动帮助老师送回教具；如有老师听课，学生应主动帮助搬椅子。

（9）自习课是课堂教学的延续，任何与学习内容不相干的事情都不要在自习课中进行。上自习课时尽量不要走动；遇特殊情况需出教室时，如需要坐在外边的同学起立让座，应向其表示歉意并致谢。有问题需要问别人时，一定要压低声音，不要影响别人。

（10）在实训室上课应注意：

要服从安排、服从管理。进入实训室时，不要争先恐后，听从指导老师及管理人员的安排，按照要求使用实习实训设备。

保持安静，关闭手机，不要随意走动，不喧哗、打闹，以免影响他人学习。

实训完毕，要清理好操作台物品，保证实训室的整洁，认真清点好各种用品、设备和工具，按规定摆放整齐。将桌椅、板凳摆放整齐，做好室内保洁。

三、进出办公室礼仪

办公室是老师工作的场所，学生进出办公室应注意如下礼仪。

（1） 在门口先喊“报告”或敲门，经老师同意后方可进入。切忌推门就进，或探头张望。

（2） 要尊重其他老师，进入后应与看到的其他老师点头致意。如要找的老师不在，应礼貌地向其他老师询问，并说明自己的班级、姓名和事情，然后道谢离去。

（3） 在办公室不要随意坐在其他老师的座位上，不可随意翻老师的东西。

（4） 与老师交谈时，应主动请老师坐下，自己面对老师站立。若老师请学生坐，则学生可以和老师坐着说话。若老师不坐，学生应该和老师一起站着谈话。与老师谈话时，要注意倾听，眼睛看着老师，并不时做出反应（点头或相应回答），谈话时声音要轻。

（5） 无特殊情况，学生在办公室不宜逗留过久。事情办完，与老师礼貌地告别并立即离开，随手轻轻掩上门。切不可自顾自的跑出办公室。

四、图书馆、阅览室、网络礼仪

在图书馆或阅览室时应遵循以下礼仪。

（1） 保持自身和环境的整洁卫生。讲究卫生，不要将食品带入，更不要用手沾唾沫去翻书。如自己生病，请暂时不要借阅书刊。

（2） 自觉遵守相关规定，按次序进入。使用公共计算机检索书目时，要自觉排队等候，插队、长时间占用电子阅览室的计算机是不道德的。借书要按期归还。

（3） 保持安静。走路、就座时动作要轻，不要为朋友占座。在与人打交道时，说话应热情有礼，要注意对周围人的影响。阅读时不要发出声音，不要和熟人交谈，不要利用阅览室休息、睡觉。在图书馆吃东西、接打手机是不文明的。

（4） 爱护图书，应轻拿、轻翻、轻放。不能因自己需要而擅自撕下书页损坏图书。私自剪裁图书，在公共图书上乱涂乱画、做标记、写字、折角，不经允许就把图书带出馆外。对开架书刊应逐册取阅，不要同时占有多份。阅后应立即放回原处，以免影响他人阅读。

（5） 电子阅览室使用计算机时，要利用互联网从事正当、健康的事情。切勿利用互联网阅读或传播反动、淫秽、低级趣味的内容。通过互联网盗取他人的资料或设备等都是不道德的行为。在网络论坛上发表言论，要遵守网络管理规定，讨论问题应心平气和，多提建设性意见，用词要文明，避免攻击和谩骂。

（6） 用公共计算机，要尊重原有的设置，未经同意而擅自更改程序、变更设置、阅读他人的文件资料、存放自己的资料、设置密码等都是不道德的。

五、升旗礼仪

国旗是一个国家的象征，是神圣而庄严的，升旗仪式是学生每周都参加的一项严肃的活动，它是增强爱国情感，强化爱国意识，培养集体主义精神的好形势，作为学生必须了解和遵守它的礼仪规范。

学生应提前或准时到达指定地点。着装整齐统一，仪态庄重。列队整齐，面向国旗，肃立致敬。当升国旗、奏国歌时，要立正、脱帽、向国旗行注目礼，直至升旗完毕。唱国歌时要严肃认真，歌词准确，声音洪亮。在校外，遇到举行升旗仪式时也应马上肃立，面向国旗行注目礼，待升旗仪式后再行走。

【知识链接】

国旗的由来

新中国成立前夕，1949 年 6 月 16 日，全国政协筹备会议首次会议上，决定成立拟定国旗、国徽、国歌方案小组，并向全国发出征稿启事。一个月内就收到国内外应征稿件 1920 件，图案 1992 幅。

应征的国旗方案也各具特色，如镰刀斧头旗；两个长条旗，象征中华民族的发祥地长江和黄河；左上角为蓝色长方形，嵌有红五角星，象征晴朗的天空等。这些图案经过认真挑选，选出 38 幅图案印发给政协代表，让大家评议。最后确定其中的复字第 32 号图案，经审查通过并在 9 月 27 日的全国政协第一届全体会议上正式通过作为中华人民共和国国旗。

这面国旗的设计者曾联松，是上海一名普通的经济工作者。国旗的寓意是：一颗大星引导在前，几颗小星环绕其后，形成众星拱北斗之势。大星即为中国共产党，小星代表中国共产党领导下的全国各族人民。在确定小星的数目时，他联想到毛主席在《论人民民主专政》一文中说：“人民包括四个阶级，即工人阶级、农民阶级、小资产阶级和民族资产阶级。”所以以四颗小星代表广大人民。

从此，五星红旗正式成为中华人民共和国国旗。

六、参加集会礼仪

集会，一般在操场或礼堂举行。由于参加人数众多，因此要格外注意其中的礼仪：

（1） 提前集合站队，不说话打闹。需要椅子时，用右手持椅，列队进入会场。带好会议记录本，做好记录。

（2） 准时礼貌入座。要服从会场工作人员的安排，在指定位置坐好，兄弟班级之间，要发扬风格，互谅互让，不要有起哄、对骂等不良行为。

（3） 集会过程中，应摘下帽子，尽量不要从座位上站起来或跳起来，以免挡住后面观众的视线。

（4） 当报告人或主持人出现在台上时，应立即安静并报以热烈的掌声。当有精彩之处，或每个节目结束时，或当别人领奖时应报以热烈的掌声，以示赞同、祝贺。

（5） 集会期间学生应端坐静听，保持会场的安静。不要随便走动或发出声响。吃零食、交头接耳、打闹、起哄、打哈欠、打瞌睡都是不礼貌的行为。如因特殊情况迟到，应悄悄进入会场，坐在后排的座位上。如上厕所等原因必须进出会场，应弯着腰悄悄地进出，尽量减少对别人的干扰。

（6） 在集会结束离开会场时，要服从指挥，按秩序出场，不要拥挤，以防造成事故。

（7） 要维护公共设施，保持场内整洁，不在场内留下杂物。

七、食堂就餐礼仪

食堂就餐礼仪如下。

（1） 按规定时间有秩序地到食堂就餐，自觉排队购买饭菜。不要冲、跑、挤，不要敲柜台、餐具，打闹、起哄、插队是不礼貌的行为。

（2） 尊重食堂工作人员的劳动，要注意使用礼貌用语。购买饭菜时要说“请”，打完饭要说“谢谢”。如果和师长在一起吃饭，要请长辈先入座。先用完餐时要说“大家慢慢吃”。

（3） 爱惜食物，不浪费一粒粮食。购买饭菜以吃饱为度，不要超量购买造成浪费，不要随便剩饭、剩菜。

（4） 用餐动作要文雅，夹菜时不要碰到邻座，不要撒菜或汤。进食时，送进口中的食物要适量。用餐时应闭嘴咀嚼，尽量不发出响声。喝汤时切忌端起碗一口气喝下。口中若有东西要吐出，如骨头、鱼刺以及无法吃的其他东西，不能直接对着桌子吐出，应用筷子或勺子从口中取出，放在餐具里、桌面上或专用容器内。

进餐时万一不能抑制打喷嚏、咳嗽，必须把头转个方向，用手帕或餐巾纸掩住口鼻。餐后不要不加控制地打嗝。

（5） 如发现饭菜有异物、异味或质量问题，不要当着食堂工作人员的面抱怨。可找有关人员有礼貌地说清楚，以婉转的语气去建议。不可发脾气、吵闹不休。

（6） 要自觉保持食堂的整洁，节约用水。用完餐剩下的垃圾倒在指定地点，不要往洗碗池、洗手池里倒。掉在地上的食物要妥善处理。

（7） 自觉保持食堂的安静，不可大声喧哗。

八、宿舍礼仪

宿舍是大家共同生活的场所，是学生的第二个家，每位同学都有责任共同把这个家经营好，这就需要发挥宿舍礼仪的作用。宿舍礼仪主要包括以下几个方面。

（1） 自觉遵守宿舍的规章制度。按时作息，保障睡眠。如有事需早起时提前向室友打招呼，起床时动作轻柔，尽量不发出声响，并尽快离开宿舍，避免打扰别人。因事迟归（老师批准）要说“对不起”，努力把惊扰减少到最小。切忌卧床长谈，影响他人休息。

（2） 要自觉维持宿舍良好整洁的环境。自己的物品归类摆放整齐，被褥折叠整齐美观，衣服、鞋帽按规定整齐地摆放；脏衣物要及时清洗，未洗之前要放在隐蔽之处。自己的东西要放在自己的范围内，不要随便占用他人的空间，自觉保持宿舍清洁。

（3） 与舍友和谐相处。对同学恭而有礼，不斤斤计较，注意克服自身不良行为习惯，学习他人优点和长处；当舍友身体不舒服时，要主动关心照顾。舍友在生活上有困难时，应竭尽所能去帮助。

（4） 要互相尊重隐私。不要随便在他人的床上坐卧。未经主人允许不要随便动用他人的物品，不可打探同学的隐私。使用宿舍内的公用物品时要相互谦让，不要独占。

（5） 对前来拜访的亲友要热情礼貌友善。接待来访时，在进入前应先向室内的同学打招呼。朋友来玩，不要在宿舍嬉戏、打闹、喧哗，以免影响舍友的休息、学习。当舍友不在，有其亲友来访时，应主动热情、礼貌周到地接待，并尽快找到被访者；如被访者一时无法找到，应尽可能让来访着留言，以方便被访者与来访者之间的联系。

（6） 到其他宿舍串门，要事先征得对方的同意，一般不宜久留，以免影响对方的休息和正常生活秩序。不应到异性宿舍串门。

（7） 领导、老师、学生干部到宿舍检查时，应以礼相待，自觉起身打招呼，并给予相应的配合。

（8） 爱护宿舍的公共财物及各种用品，注意用电安全。

（9） 如违反了宿舍的制度，或做了不文明礼貌的事情，要向管理宿舍的老师承认错误，或向舍友道歉。对于别人的提醒或批评，应诚恳接受。

【知识链接】

学生宿舍中五种行为最招人厌恶

（1） 据某校民意调查，学生宿舍中五种行为最招人厌恶。

（2） 用别人的东西不打招呼。

（3） 不讲个人和公共卫生。

（4） 挑拨离间，搬弄是非。

（5） 深夜影响室友休息。

（6） 偷窥室友日记、信件等私人物品。

思 考 题

为了巩固本章所学的校园礼仪知识，强化礼仪意识，请结合本专业开展礼仪知识竞赛和情景剧表演活动。通过活动帮助我们进一步养成良好的校园礼仪习惯。

第四章 家庭礼仪

家庭礼仪是整个社会礼仪的基础元素。它在现代社会生活中发挥着重要的作用，是维持家庭生存和实现幸福的基础，能使家庭成员之间达成和谐的关系。在家庭中提倡讲究文明礼貌，对整个社会形成良好的风气有着积极的推动作用，也能为家庭生活带来更多的幸福和欢乐。

案例

战国时期的思想家、政治家和教育家孟子，是继孔子之后儒家学派的主要代表人物，被后世尊奉为仅次于孔子的“亚圣”。孟子一生的成就，与他的母亲从小对他的教育是分不开的。孟母是一位集慈爱、严格、智慧于一身的伟大的母亲，早在孟子幼年时候，便为后人留下了“孟母三迁”、“孟母断织”等富有深刻教育意义的故事。孟子成年娶妻后，孟母仍不断利用处理家庭生活的琐事等去启发、教育他，帮助他从各方面进一步完善人格。

有一次，孟子的妻子在房间里休息，因为是独自一个人，便无所顾忌地将两腿叉开坐着。这时，孟子推门进来，一看见妻子这样坐着，非常生气。原来，古人称这种双腿向前叉开坐为箕踞，箕踞向人是非常不礼貌的。孟子一声不吭就走出去，看到孟母，便说：“我要把妻子休回娘家去。”孟母问他：“这是为什么?”孟子说：“她既不懂礼貌，又没有仪态。”孟母又问：“因为什么而认为她没礼貌呢?”，“她双腿叉开坐着，箕踞向人，”孟子回道：“所以要休她。”“那你又是如何知道的呢?”孟母问。孟子便把刚才的一幕说给孟母听，孟母听完后说：“那么没礼貌的人应该是你，而不是你妻子。难道你忘了《礼记》上是怎么教人的？进屋前，要先问一下里面是谁；上厅堂时，要高声说话；为避免看见别人的隐私，进房后，眼睛应向下看。你想想，卧室是休息的地方，你不出声、不低头就闯了进去，已经先失了礼，怎么能责备别人没礼貌呢？没礼貌的人是你自己呀！”一席话说得孟子心服口服，再也没提什么休妻子回娘家的话了。

想一想

细读孟母教育孟子的经过，谈谈你的体会，假如你是孟子，你会怎么做？假如你是孟母，你又会怎么做？

第一节　家庭礼仪的概述

一、家庭礼仪的含义

所谓家庭礼仪，指的就是人们在长期的家庭生活中，用以沟通思想、交流信息、联络感情而逐渐形成的约定俗成的行为准则和礼节、仪式的总称。家庭礼仪在现代社会生活中发挥着重要的作用，是维持家庭生存和实现幸福的基础，家庭礼仪能调节家庭成员之间达成和蔼的关系，家庭礼仪也有助于社会的安定。

二、家庭礼仪的特点

家庭礼仪的基本特点主要表现在以血缘关系为基础，以感情联络为目的，以相互关心为原则，以社会效益为标准四个方面。

（一）以血缘关系为基础

家庭礼仪主要体现在家庭成员之间，而家庭成员之间关系是人类社会中最为普遍的关系，以血缘关系，感情关系为核心。因此，在家庭礼仪的形成、建立和运用过程中，必须从血缘关系这一基本点出发。

（二）以感情联络为目的

家庭礼仪的主要职能并非以个人形象的塑造为侧重点，而是通过种种习惯的礼节、仪式来进一步沟通感情，俗话说“亲戚亲戚，不趟不亲”，就是强调亲友间的感情有了血缘关系的基础，还得需要通过一定的礼仪交往来维持、强化和巩固。婚嫁喜庆、乔迁新居、寿诞生日等种种快乐，通过礼仪的传播，可以使更多的人体会和享受，这一传播过程的最终目的就是加强感情联系。

（三）以相互关心为原则

之所以说“母爱是最伟大、最神圣的爱”是因为母爱的主要内涵是无私的奉献、无微不至的关怀。要衡量一件事或某一行为是否符合家庭礼仪要求，只要分析一下双方之间是否存在相互关心的成分，真诚的祝贺、耐心的劝导，热情的帮助本身就是合乎礼仪的。

（四）以社会效益为标准

不同的时代环境、不同的区域、不同的风俗，礼仪存在着很大的差异性，家庭礼仪也一样，因为它受多种因素的影响，家庭活动中的许多礼节、仪节始终也是变化发展的。

第二节 家庭成员间的礼仪

家庭是我们人生的第一个港湾，我们在其中受到孕育，受到庇护，并开始了航行人生大海的准备。从这个意义上讲，家庭生活也是社会生活的提前训练。只有从家庭生活中，从与我们最亲最近的家人相处中，开始学习做人的礼貌，不断提高自己的修养，养成文明的习惯，才可能是社会上做一个文雅、得体和备受欢迎的人。

一、正确使用称谓

要讲礼貌，首先要正确称呼家庭成员，不能不加称呼“喂喂喂”地叫，更不能随便起绰号或直叫名字。按照我国的传统习惯，称人，即称呼自己谈话所及的对象，这在家庭或至亲之间运用起来比较简单，通常都随俗称，如称：祖父（爷爷）、祖母（奶奶）、父亲（爸爸）、母亲（妈妈）、兄长（哥哥）、姐姐、弟弟、妹妹等。

二、孝敬长辈

同长辈谈话要毕恭毕敬，语言文明；作为晚辈应细致入微地给老人予以照顾和关心，真心实意地敬重长辈，生活上扶持，精神上体贴慰藉；回到家中应先到老人房间问好，帮助其做些小事，或者聊聊天；吃饭时应先扶老人入座，恭恭敬敬地上碗筷，用餐时加以照顾；节假日陪伴老人去公园、影院或探亲访友；在走路、坐车、入室、入座、上楼、进电梯等场合更要精心照顾，必要时予以搀扶。

孝顺父母，对父母的关心要以关心来回报。首先要尊重父母，对父母的关心和帮助要表示感谢。此外，还要勤向父母问候，在家里，子女向爸爸妈妈勤问候，是尊重和体贴他们的实际表现。父母生病的时候，要端药送水，尽心照顾他们的同时，应加以劝慰、问候；过新年时向父母祝贺新年；在父亲节、母亲节，父母生日和结婚纪念日时，专门向他们表示祝贺；出门之前要告知，并道“再见”，回到家里也要主动告知。平时要体贴理解父母，尽可能帮助家长排解苦闷和麻烦，要懂得不能因为自己的琐事给他们增加麻烦；作为晚辈要懂得生活的艰辛，懂得生活要尽量节俭，决不能讲究吃穿，随便索要钱物。当受到父母的批评责备时，要体谅父母的苦心，谦虚地接受教诲，多听建议。如果觉得父母说错了，应该通过在事后进行真诚的交流来解决问题。

主动承担家务，在家里，应该主动地帮助父母做一些力所能及的家务活。如洗刷碗筷、收拾房间、买东西等，减轻父母的负担，体现出你对父母的关心、孝敬。

三、夫妻相处的礼仪

夫妻关系是家庭人际关系的主体和核心，是血亲和姻亲的基础。夫妻之间要讲究哪些礼仪？

夫妻间的“八互”

夫妻之间关系的处理有“八互”：互敬、互爱、互信、互助、互让、互慰、互勉、互谅。

互敬：夫妻间应该互相尊敬，尤其是在孩子面前，形成良好的家庭氛围。

互爱：夫妻间因为爱情走到一起，但结婚仅仅是爱情的开始，双方应该继续营造爱情的氛围，互相爱护、互相扶持，以巩固爱情的成果。

互信：夫妻间互相信任既然体现着彼此尊重，也是爱情长久的原则。切忌互相猜疑，无中生有，也不可随便查看对方的手机、信笺，双方应保持适当的距离感。

互助：夫妻双方要互相帮助、互相扶持。在事业或者生活上，一旦一方遇到困难，另一方都应该尽可能地帮助对方，巩固家庭幸福的根基。

互让：夫妻间斗嘴吵架是难免的，意见不统一可以商量，一方一旦动怒，另一方要谦让一些，不可针锋相对，引发更大的矛盾。在孩子面前，彼此更要互相谦让。

互慰：夫妻间应多多交流，互相倾听对方的心事，遇到问题彼此安慰。

互勉：夫妻间的事业可能大不相同，但互相勉励仍能令对方信心大增，从而坚强地面对生活。

互谅：夫妻一方出现错误，另一方不要不依不饶，只要不是原则问题，两个人仍愿意共同生活，就需要体谅对方的心情，及早消除不愉快的气氛，以求家庭和睦。

四、兄弟姐妹相处的礼仪

兄弟之间讲求“兄友弟恭”,也就是一个“悌”字。兄弟是手足，且辈分相同，因此情感较浓，烦琐的规矩较少；但因我国讲究“长幼有序”，常言道：“不可以没大没小的”。弟弟要对哥哥恭敬有礼，而哥哥要爱护弟弟，并为弟弟树立好榜样，教导弟弟。

不论是亲兄弟姐妹，还是表兄弟姐妹，都要相互尊重、关心、谅解、帮助、谦让，长爱幼，幼尊长，彼此爱护，不争不吵，情同手足，共同创造温馨祥和的气氛。

在生活中，兄弟姐妹多是同龄人，朝夕相处，要做到处处符合礼仪，也并不是一件容易的事。

第三节 亲友间的礼仪

一、拜访亲友礼仪

拜访亲友的交际是经常发生的，处处需要讲究礼仪。

（一）与客人的约定

做客时穿戴要整齐，仪容要整洁，以表示对亲友的尊重和礼貌。

最好能事先通知。确定要拜访亲友的日程之后，通过一个电话或一个口信，与被拜访者约定具体日期，这有利于对方提早安排准备。

选择适当时间，一般不要在别人吃饭和休息的时间去拜访。

（二）入座前的礼节

进门要按电铃或轻轻叩门，不要长时间按着门铃不放，也不要一触即离，敲门要有节奏，不轻不重，不急不慢，最多只敲两三次。待有回音或有人开门后方可进入。即使主人家门是敞开的，也应站在门外招呼，等有人应答后再入内。

如果开门的不是被访者，可通报自己姓名，说明预约情况。进屋后要等被访者来后才落座。如果是对方开门，即使有紧急的事情也要待寒暄过后，入室坐好再谈。

入室前在门垫上把鞋底弄干净；不要穿不洁或是有破洞的袜子，需换拖鞋则在门口换好。

（三）做客时的礼节

如果拜访的人是长辈，或自己第一次前往做客，要特别注意：主人未坐下时，自己不能先坐。进屋后，对亲友家的其他成员要主动打招呼。见到长辈要恭恭敬敬地起身问候。如遇到许多人在座，应经主人介绍后，对其一一问好。举止要大方，讲话态度要诚恳自然。

在普通朋友家里不可乱脱、乱扔衣服。拜访异性朋友以白天为宜。

入座时，动作要轻稳，不可猛然坐下，发出响声。入座后，手可平放在沙发上或沙发的扶手上，上身稍向前倾，以示对主人的尊敬。做客时，见到主人斟茶，应弯曲食指在桌面上稍稍叩响，以表示感谢。交谈时，如有长辈在座，应该用心倾听长者的谈话，而不可随意插话。

不可随便动主人家贵重的东西及别人的柜子、抽屉之类。不要随意评论主人家中的陈设，不要不经同意乱走动。

若主人邀请参观居室、种植的鲜花，应立即接受，不要说不感兴趣；对主人种植的花木不要采摘。

做客中，若主人家来了新的客人并有要紧的事商谈，这时应尽快告辞；如察觉主人显出疲惫也应适时告辞；若主人请自己在家中用饭，饭后要停一会再告辞。

对迟到的客人应起身迎接，其他客人先行告辞时，也要起立相送；不可别的客人一来自己立刻告辞，以免造成误会。若是陪同父母前去拜访，对主人要格外注意礼貌，见面时宜行鞠躬礼，不可冒失伸手去握手。进入客厅后，要等父母入座后方可按照主人吩咐入座；不可乱插话，当问到自己时恭敬回答；在父母告辞之前自己不能表示倦意，更不能催父母告辞。

（四）掌握时间，适时告辞

逗留的时间不宜太长，特别是在晚上拜访的时候，以免影响主人及其家人的休息。

离开亲友家时，要郑重其事地告别，告辞时应向对方家人表示感谢，尤其是向长辈打招呼，还要请主人“留步”，礼谢远送。切不可不辞而别，也不可随便说一声“走了”，便夺门而出。

二、待客礼仪

（一）迎客的礼节

如果你事先知道有客人来访，要提前打扫门庭，以迎喜宾，并备好茶具、烟具、饮料等，也可根据自己的家庭条件，准备好水果、糖、咖啡等。如在家中穿内衣、内裤，应换便衣，即使是十分熟悉的客人，也应换上便衣。

客人到来时，应该热情相迎，必要时可以提前几分钟去门外恭迎。若来客是访问家长的，应由家长前去迎接，学生可随在家长身后向客人以尊称问候，既要亲热又要稳重；若来者是至亲自然要更亲热些；招呼过后，晚辈应主动上前接过客人手中的重物及衣帽；若客人手中提的是礼物则不能接过。

对不速之客的到来不能拒之门外或表现出不高兴，遇此情况尽快地将客人请进屋里，问明来访目的，酌情处理。当客人来访而自己正欲出门时，如不是急事或有约，应先陪客人；如有急事必须离开，也应了解客人来访意图，视情况再约见面时间。

（二）待客的礼节

客人来到家中，要热情接待。客人进屋后，首先请客人落座，然后敬茶、端出糖果。端茶、端糖果盘时要用双手，并代为客人剥开糖纸，削果皮。

敬茶的礼仪。要事先把茶具洗干净。在倒茶时，要掌握好茶叶的量。待客要“浅茶满酒”，将茶水倒入杯中三分之二为佳。端茶也是应注意的礼节，按我国的传统习惯，应双手给客人端茶。对有耳杯通常是用一只手抓住杯耳，另一只手托住杯底，把茶水送给客人，随之说声：“请您用茶”或“请喝茶”。切忌用手指捏住杯口边缘往客人面前送，这样敬茶既不卫生，也不礼貌。

家里有客人来访，家庭气氛应和谐，家庭成员在此期间不要发生争吵；与客人交谈时不要将电视机、收录机等声音开得过大。

如家里有客人时，又有新的客人来访，应将客人互相介绍，一同接待。若有事须与一方单独交谈时，应向另一方说明。

如果是家长的客人，敬上烟茶糖果后，可视谈话内容决定是否留下陪同。陪坐时要坐在家长旁边，如客人问到自己则要有礼貌的答话，但不宜太多，以免喧宾夺主；谈话时要专心，不可三心二意或频频看表，更不要有扫地、掸土等举动。

如客人是自己的朋友、同学，自己便可以以主人的身份迎接。要将客人介绍给家长，先介绍给母亲后介绍给父亲。若家长送些糖果之类表示欢迎，除客人向家长致谢外，自己也应该致谢。临别时也要告诉家长，令客人有机会向家长道别。

（三）送客的礼节

客人告辞，一般应婉言相留。客人要走，应等客人起身后，再起身相送，并为客人取下衣帽，请他穿上。不可客人一说要走，主人就站起来。

送客一般应送到大门或弄堂口。若是老年人则应送至庭院外或楼下；若是同辈客人可送至电梯口或楼道口；若是晚辈客人可站在门口相送。送客时不可在客人前脚刚走出门口，自己后脚就进屋或大力地把门关上，这是非常失礼的，而且应目送客人走出视线外方可离开。

有些客人常常会带礼物来，对此，我们送客时应有所反应，如表示谢意，或请求客人以后来访不要再携带礼品了，或相应地回谢一些礼物，决不能受之无愧似地若无其事，毫无表示。

第四节　邻里相处的礼仪

案例

小李一家终于搬进了新居，这是一栋六层的公寓楼，每天一大早，他们一家人匆匆吃完早餐，便哐当一声关上门，踏着重重的脚步声，上班的上班，上学的上学。

想一想

小李一家的做法会不会影响邻里关系？

一、尊重邻里

“室内现代化，室外脏乱差；与己无关事，红灯高高挂；楼上挨楼下，不知谁姓啥；手拿手机，见面不说话”，成了现在很多邻里关系的写照。但我们有句俗话“远亲不如近邻”，家庭间的各种交往中，交往最频繁的就是领里了。从主观来说，绝大多数人都想搞好邻里关系，但客观上不知怎么搞好邻里关系以及搞不好的为数并不少。

对邻居要以礼相待，平易近人，不要视若路人。见面后要主动和别人打招呼，平时对邻居不要苛求，谈得来的就多交往；谈不来的维持一种有距离的友好态度就行，指桑骂槐是没教养的坏习惯。对于邻居不合理的要求和做法，采取“有理、有节”的态度，合理地、妥善地解决处理。自觉爱护公共卫生，自觉参与社区公共活动，为维护一个好的生活环境尽一份力。邻里之间能办到的事情要尽量帮忙，别人有了困难，应该积极主动地去帮一把，万不可幸灾乐祸，在一旁看笑话；同时邻里之间还要讲信用，做不到的事情千万不要对别人夸海口，以免误了别人的大事。借邻居的东西一定要及时归还，如果因一时疏忽而延误了归还时间，应当面向人家表示歉意。

平时要考虑自己的行为会不会给别人带来打扰。比如，是否有晚上唱卡拉 OK、而且一唱就超过晚上 12 点的习惯；是否有把洗衣服的水或别的不干净的污水倒在邻里共用的路面上；是不是有半夜回家，走路、说话声音很大的行为等。这些看起来并不起眼的小事最容易伤了邻居之间的和气。

家里有小孩时，作为家长必须有意识地提前“防范”，小孩活泼好动，可能喜欢又蹦又跳或者玩玩具，不会意识到激情“表演”的声响可能会给楼下邻居造成影响。为避免给邻居造成干扰，有小孩时，应尽量选择轻便软底的室内拖鞋，在地上铺上泡沫或者毛毯，避免孩子在蹦跳或者玩玩具时弄出太大的声响；如果孩子想拍皮球、玩乒乓球，则应该带他们到室外去玩儿；平时多教育孩子养成在家中轻放东西，轻声走路的好习惯。

二、邻里之间要互谅互让

平时摆放物品时，不要占用公共空间。遇到特殊情况需要临时占用楼道等公共空间放些物品时，必须先和相关楼层的邻居做好沟通。首先要说清原因，以及占用时间，取得他们的体谅，也可以在物品旁贴一张“安民告示”说明情况。其次要注意什么能放什么不能放。比如，不要放易碎、易燃、易腐蚀、易腐烂和气味难闻的物品，体积太大影响上下楼的也不要放。最后绝对不要长时间占用楼道公共空间，这不符合邻里礼仪规范，也不利于防火防盗。

养宠物的时候，要注意两个细节问题：一要注意卫生，一些宠物，特别是猫、狗等时常随地大小便，主人带上塑料袋或者旧报纸等，将宠物的排泄物包好扔到垃圾箱，保持公共场所的卫生和美观。二要注意安全，出门遛狗，要给狗拴上绳索，不要任它狂吠乱叫，追逐扑咬。遇到老人和小孩要特别小心，别让他们受到惊吓。

如果应邀去串门，可要选择好适当的时间。如果约好具体时间，那当然好。如果没说具体时间，就要避开人家的吃饭时间和休息时间，如果是周末，上午 10 点之前是不宜打扰的。进门前有门铃的要按门铃，没门铃的要轻轻叩门，即使门已经为你开了。这样做的目的是告诉对方你来了，以让对方有个心理准备，而不要冒冒失失闯进去，让人家吓一跳。如果是带小孩做客，一定要教育好小孩不要在别人家里调皮、乱动别人东西。

如果对方是长辈或是第一次到邻居家做客，主人没坐你就不能先坐。如果家里有长辈，要主动和长辈打招呼。主人端茶、拿糖果招待的时候，一定要表示感谢。如果有长辈在说话，不但要用心听，还不可以插话。如果主人有看表、打呵欠等谢客表示，或者快到了吃饭时间，作为客人就要起身告辞了。如果是请邻居吃饭的话，那就要提前准备，而不要到了吃饭时间才匆匆忙忙去做准备，使人家觉得是打扰。

三、邻里相处禁忌

一忌以邻为壑。有些人心眼小、私心重，在邻里生活中总怕邻居沾了自己的光，反过来自己却总想找机会沾别人家的光，甚至明里暗里做那些损害邻居利益的事。这在邻里交往中是最要不得的，其结果只能在邻居中孤立自己。

二忌“各扫门前雪”。在邻里交往中，持这种态度的人不在少数，以为邻居间避免矛盾的办法就是少相互掺和，自家管自家最好，少数人家甚至发展到“老死不相往来”。其实，邻里之间自顾自的做法绝不是上策，俗话说，远亲还不如近邻呢！谁能保证自己在日常生活中不发生需要别人帮助的事情？到那时候，好邻居的作用可大呢。

三忌在邻居间说长道短，拨弄是非。邻居交往，所谈多是家常琐事，稍不注意，就会扯到邻居的长短是非上来，这是邻里团结的一个很大威胁。当然，如果是为了解决邻里不和，大家谈一谈，共同想办法搞好团结，这是正常的。如果只是要挖苦、嘲讽、攻击别的邻居，有意挑拨邻里关系，这绝不是应取的态度。

四忌无端猜疑。有时候，邻里纠纷倒不是有人挑拨产生的，而是纠纷的一方无端猜疑导致的。一家人也免不了有思想上的分歧，何况邻里间要做到完全消除戒备，没有任何疑心，这恐怕也不是现实的。关键在于，是合理猜想还是无端起疑。前者多是理智考虑，后者则多是感情用事，所以无端猜疑最容易产生误会，给邻里关系造成不利影响。

五忌自以为“常有理”。邻里交往中发生矛盾，应多做自我批评，但有些人总喜欢指责别人家，总觉得自己家正确，胳膊肘子总朝里扭。最明显的要算孩子方面的事了。邻居间孩子闹事，有些家长总是偏袒自己的孩子，不管有理没理都不让人，表面上是护孩子，其实是害了孩子，助长了孩子的蛮横心理，而且恶化了邻里关系。所以，在邻里交往中自恃“常有理”实际上是很不明智的。

思考题

（1） 简述家庭礼仪的含义。

（2） 拜访亲友要讲究什么礼仪？

（3） 邻里相处有哪五忌？

第五章　社 交 礼 仪

第一节　日常交际礼仪

案例

有一位美国华侨，到国内洽谈合资业务，洽谈了好几次，最后一次来之前，他曾对朋友说：“这是我最后一次洽谈了，我要跟他们的最高领导谈，谈得好，就可以拍板。”过了两个星期，他又回到了美国，朋友问：“谈成了吗？”他说：“没谈成。”朋友问其原因，他回答：“对方很有诚意，进行得也很好，就是跟我谈判的这个领导坐在我的对面，当他跟我谈判时，不时地抖着他的双腿，我觉得还没有跟他合作，我的财都被他抖掉了。”

想一想

这本是一笔很有希望成交的业务，最后却搞砸了，这与跟华侨谈判的领导的行为表现有什么关联？

商务人员在日常的人际交往见面当中，正确、合乎规范地施礼，以塑造良好的个人形象，是彼此之间交往取得成功的基础。

一、称呼与招呼

1. 称呼

称呼是人们在日常交往应酬中，所采用的彼此之间的称谓语。它表示着人与人之间的关系，显示出一个人的修养，在某种程度上也反映了社会的风尚。

称谓总的要求是得体、有礼有序、入乡随俗，并且要附和身份。

（1） 职业称谓。直接以对方所从事的职业来称呼对方，如赵老师、吴医生等。

（2） 职衔称谓。按对方所担任的行政职务称呼对方，如马经理、刘秘书等。

（3） 姓名称谓。可直呼其名如张三、老钱、小张等。

（4） 亲属称谓。如林阿姨、李大叔等。

（5） 通称。在社交场合中，一般将男子称为“先生”。而对女子的称呼则应视情况而定，对于已婚的女士，可将其称为“夫人”；未婚女子可统称之“小姐”，对婚姻状况不明的女子可称为女士。

注 意	人多的场合，在称呼时要遵循先上级后下级，先长辈后晚辈，先女士后男士，先疏后亲的礼遇顺序进行。

2. 使用称谓的注意事项

（1） 以绰号相称：在任何情况下，当面以绰号称呼他人都是不尊重对方的表现。

（2） 地域性称谓：有些称谓具有地域性特征，如“师傅”、“小鬼”等，不宜不分对象地滥用。

（3） 简化不当的称谓：在正式场合，有不少称谓不宜随意简化。例如，把“范局长”称为“范局”就显得不伦不类。

（4） 以生理特征相称：在工作中，特别在职场交往的时候，如果以生理特征相称是不尊重对方的表现，如“胖子”、“瘦子”、“瘸子”、“四眼”等。

总之，称谓的选择应根据不同的对象、不同的场合，以文明礼貌为原则。

3. 招呼

招呼用语表示的是打招呼人与被打招呼人之间的一种交往关系。如果遇到熟人打招呼或别人对你打招呼，你装作没看见，都是不礼貌行为。常用的招呼用语有：“早上好”、“下午好”、“晚上好”、“您好”、“很高兴认识您”、“请多指教”、“请多关照”等。

二、介绍

介绍是社交场合中相互了解的基本方式。通过介绍，可以缩短人们之间的距离，以便更好地交谈，更多地沟通和更深入地了解。

1. 自我介绍

所谓自我介绍，是对于初次见面的人所做的较长“寒暄”。其主要目的在于“使对方记住你”，所以你必须稍微将自己的事情“让对方了解”。一般以“各位好”等起头，简单地以“寒暄”的方式向人诉说有关自己的事，也别忘了严守“笑脸、抬头挺胸、声音明亮”这三大原则。自我介绍的要点大致有五个方面。

（1） 做好事先准备。介绍前进行心理调整，做到镇定、自信，面带微笑，眼神友善，亲切自然。针对出席的不同场合，可事先准备好自我介绍的内容，包括开场白、介绍重点、自我评价、结束语等。必要时，还可以通过对镜练习来做准备。

（2） 礼貌待人。应先向对方点头致意、问好或先询问对方的姓名和单位，得到回应后，再进行自我介绍。

（3） 介绍的内容要正确、简洁，语气应自然平和。口齿清晰地报出自己的姓名，使听众能听得很清楚。最后，再次报上自己的名字，是为了让对方能确实地记住你。

（4） 交谈过程中应注意视线的移动。一般来说，与人交谈时，目光应注视对方的眼睛以方便交流。但应注意的是，长时间地注视对方的眼睛也是不恰当的。因此在与对方长时间的交谈时，目光应不时地转移，但不管如何转移，都应停留在对方的面部范围之内。

（5） 应注意的是，女士一般不宜主动向陌生人自我介绍。

2. 自我介绍的形式

（1） 应酬式。在公共场合或一般社交场合，自己不需与对方深入交往，做自己我介绍只是向对方表明自己的身份。这样的情况只需介绍自己的姓名。如“你好，我叫张琳”等。有时，也可对自己姓名的写法做些解释，如“我叫张琳，弓长张，双木林”。

（2） 工作式。主要适用于工作中，它是以工作为自我介绍的中心。应当包括自己的姓名、供职的单位及部门、担任的职位或从事的具体工作三项，通常缺一不可。如：“你好，我叫张林，是华中软件公司经理”。

（3） 交流式。适用于社交活动中，希望与交往对象进一步交流与沟通。它大体应包括介绍者的姓名、工作、籍贯、学历、兴趣及与交往对象的某些熟人的关系。如：“我叫王朝，是李波的同事，也在北京大学中文系，我教中国古代汉语。”

（4） 礼仪式。适用于讲座、报告、演出、庆典、仪式等一些正规而隆重的场合。包括姓名、单位、职务等，同时还应加入一些适当的谦辞、敬辞。如“各位来宾，大家好！我叫张强，我是金洪恩电脑公司的销售经理。我代表本公司热烈欢迎大家光临我们的展览会，希望大家……”

（5） 问答式。适用于应试、应聘和公务交往。问答式的自我介绍，应该是有问必答，问什么就答什么。如“先生，你好！请问您怎么称呼？”“先生您好，我叫张强。”

3. 为他人作介绍

（1） 在为他人作介绍之前，应先了解双方是否有结识的愿望，特别是男女之间。

（2） 介绍通则：受尊重的一方先了解对方。具体介绍顺序如下。

① 把晚辈介绍给长辈。

② 把男士介绍给女士。

③ 把地位低者介绍给地位高者。

④ 把未婚者介绍给已婚者。

⑤ 把客人介绍给主人。

⑥ 把晚到的客人介绍给早到的客人。

⑦ 双方年龄差不多，把与自己关系密切的引见给另一方。

⑧ 把一人介绍给众多人。

⑨ 集体介绍按座位次序或职务次序一一介绍。

（3） 介绍的站位和手势。介绍人、被介绍人、中介人成三角之势。手势：无论介绍哪一方，都应手心朝上，五指轻轻并拢，以肘关节为轴礼貌地示意被介绍人，并向另一方点头微笑。必要时，可以说明被介绍的一方与自己的关系，以便新结识的朋友之间相互了解和信任。

（4） 除女士、长辈外，一般介绍时，应起立。

（5） 介绍完毕，被介绍的双方应立即相互问候握手、互递名片。

（6） 被介绍双方交谈后，中介人才可离开。

4. 他人介绍

他人介绍，是由他人将你介绍给别人。这对于身份地位高者、特邀嘉宾等是经常碰到的事情。对于一般身份的人出入交际场合与人相识时，也经常由他人来做介绍。由他人做介绍，自己处于当事人之中，如果你的身份高，被介绍后就立即与对方握手，表示很高兴与之相识。如果你作为一般身份的人，当未被介绍给对方时，应耐心等待。

介绍时，除女士和年长者外，一般应起立。但在宴会、会谈桌上可不必起立，这时被介绍者只要微笑点头，相距近者可握手，远者可举手致意。

三、握手礼

握手礼起源于古代的欧洲，那时人们见面握手是为了表明自己手中并未握有武器，各自伸出右手与对方相握以示友好。演变到今天，握手礼成为当今全球商务社交场合最常使用的见面问候礼节。

1. 标准的握手姿态要点

（1） 握手时，距受礼者约一步的距离。

（2） 双目注视对方，面带笑容，上身略微前倾，头微低，双足立正。

握手的姿态

（3） 伸出右手，与身体呈 50 至 60 度，掌心向左，四指并拢与大拇指分开，以手指稍用力握对方的手掌（与女士握手，握手指），手掌与地面垂直，四指斜向下。

（4） 握手的高度约齐腰。

（5） 握手时间约 2～5 秒。

2. 握手的注意事项

（1） 握手的顺序。

① 两人握手的先后顺序：上级、长辈、主人、女士先伸手；下级、晚辈、客人、男士，先问候，见对方伸出手后再伸手与之相握。

② 一人与多人握手的先后顺序：先上级、长辈、主人、女士，后下级、晚辈、客人、男士。

③ 接待来宾，无论男女，主人都应先伸手。

④ 当对方伸手时，无论是否妥当，一般出于礼貌不该置之不理，而应落落大方地与之握手。

握手礼

（2） 握手的掌势很有讲究。若掌心向下握住对方，会给人以一种居高临下的傲慢之感；若掌心向上则会显得过于谦卑。自然平等的握手掌势应是：双方的右手手掌都处于垂直状态。避免“控制式”、“乞讨式”、“死鱼式”、“横蛮式”或“抓指尖式”。

（3） 握手时的目光。握手时应注视对方，微笑致意或简单地用语言致意、寒暄，千万不能一面握手一面斜视他处，或东张西望，或不礼貌地上下打量对方。

（4） 握手的时间。不宜过长或过短。握手时间过长，尤其是握住异性的手长时间不放，是失礼的行为。握手时间过短，给人的感觉是心不在焉，走过场，同样是失礼的表现，一般来说，以 2～5 秒为宜。

（5） 握手的力度。握手时用力要适当，可握得稍紧些，以示热情，但不可太用力，更不可把对方握疼，否则会显得粗鲁无礼。正确的握手力度一般是让对方稍感压力即可。但一般来说，与女士握手时，时间应稍短，力度应稍轻。

（6） 其他。

① 握手时，手应该是洁净的。
② 握手前要脱帽或摘手套。
③ 握手时用右手。在特殊情况下用左手应当说明或者道歉。
④ 在正常情况下，不要坐着与别人握手。
⑤ 多人同时握手时，注意不要交叉握手。
⑥ 握手后切忌用手帕擦手。

四、致意

致意，是用语言或行为向别人表示问候、尊敬之意。致意是交际应酬中最简单、最常用的礼节。它通常用于相识的人或只有一面之交的人之间在各种场合打招呼。由于致意通常是不出声的问候，它所传达的友善之意“此时无声胜有声”，这就要求致意时一定要让对方看到。

1. 常用的几种致意形式

致意的方式有很多种，如：起立致意、微笑点头致意、欠身致意、招手致意、脱帽致意、注目礼、鞠躬礼、合十礼等。以下简单介绍较常用的六种方式。

（1） 微笑致意。

适用于与相识者或只有一面之交者，在同一地点、彼此距离较近，但不适宜交谈或无法交谈的场合。

（2） 起立致意。

一般在有长者、老者到来或离去时，在场者应起立表示致意。如长者、尊者来访，在场者应起立表示欢迎，待来访者入座后，自己才可坐下；如长者、尊者离去，待他们起立后，自己才可起立相送。

（3） 举手致意。

在人比较多的公共场所，或者双方的距离比较远时，可以举右手致意。手的高度以在肩部上下为宜，掌心朝向对方，轻轻摆一两下手即可。

（4） 欠身致意。

欠身致意一般用于坐着时与熟人打招呼。身体的上部微微向前倾，欠身的幅度应在 15 度以内。如有客到办公室来访，可以用欠身致意的礼节接待，以表示对客人的欢迎与尊重。

（5） 点头致意。

点头致意是一种常见的见面问候的方法，常用于不宜或无需交谈的场合。如会议、会谈正在进行中，与客户在同一场合多次见面都可以用点头致意。方法是：当自己的目光与对方目光接触时，向对方点头，同时微笑。

（6） 脱帽致意。

多用于戴帽的男士。在遇见熟人时，用脱帽的方式，并辅之以点头致意与对方打招呼。若自己戴的是无沿帽，就不必脱帽，只需欠身致意即可，但注意双手不可插兜。当然若与朋友、熟人擦肩而过也可采用轻掀一下帽子的方法致意。

2. 致意的礼节

（1） 养成主动致意的习惯。

（2） 致意的顺序讲究：致意的礼节有一个约定俗成的习惯，即致意的顺序应该遵循男士先向女士致意；年轻者先向长者致意；学生先向师长致意；下级先向上级致意。遇到身份较高者，一般不应立即起身去向对方致意，而应在对方的应酬告一段落之后，再上前致意。与多人打招呼要遵照先长后幼，先女后男，先疏后亲的原则进行。

（3） 对等致意。对方用什么方式向自己致意，一般应用同样的方式向对方致意。

（4） 致意的动作必须认真，以表示对对方的尊重。

五、接递名片礼仪

名片是一种给别人留下你的联络方法的简单易行的方法。在不同的场合应当使用不同的名片，这样可以给对方留下不同的印象。一般的社交名片只印姓名、电话、传真、地址、E-mail 等；而商务名片则加印公司名称、办事处地址、职衔等。在与客户交往的场合应当使用商务名片，给对方正式的、可信的感觉；与一般朋友交往时，应该使用社交名片，否则职务、头衔等会使对方产生疏远的感觉。

1. 递送名片的礼节

（1） 名片应放在随手可取的地方。

（2） 取出时应确认名片是否拿对或干净。

（3） 递名片时一般应站立，双目正视对方，双手或右手的拇指和食指握住名片的前端，名片的文字正面方向应与对方视线方向一致，以齐腰的高度恭恭敬敬地递上名片。同时报上自己的姓名或加寒暄语。

（4） 同时向多人递名片时，可按照“由尊而卑、由近而远”的顺序，先上级、长辈、女士，或从左到右依次递送。

2. 接受名片的礼节

（1） 双目正视对方，用双手或右手握住名片的下方恭敬接过，同时表示感谢。

（2） 接过名片后，应立即仔细阅读。如有任何疑问，应立即当面请教（比如某些多音字等），以免事后尴尬。

（3） 接受的名片应当恭敬地收在名片夹或腰部以上的衣服口袋里，不可随意乱丢，也不宜当着对方的面放入自己的裤子口袋。如放在桌上，不要在名片上压放东西，也不要当记事本。

（4） 接到名片后，如自己带有名片，应回送名片，没带应及时向对方道歉说明。

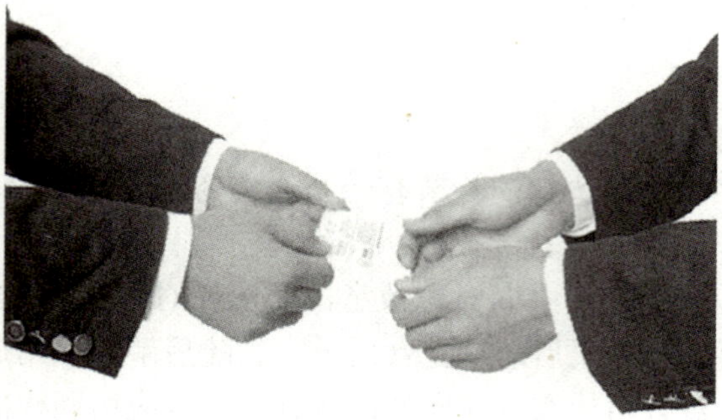

交换名片

3. 交换名片的顺序

交换名片的顺序一般是“先客后主，先低后高”，即客人先把名片交给主人，地位低的先把名片交给地位高的，不过，假如是对方先拿出来，自己也不必谦让，应该大方收下，然后再取出自己的名片来回报。当与多人交换名片时，不要匆忙行事。应依一定顺序，如座次等来互换名片，这样便于记住对方的姓名和其他特征，避免将名片与人“张冠李戴”。

六、乘车礼仪

在快节奏的现代生活中，人们经常要乘坐各种车辆，包括小轿车、公交车、地铁、旅游车等等。利用这些现代的交通工具，可以节省体力、方便舒适、快速省时、较为安全等特点，因而乘车已成为现代社会中人们日常生活的重要组成部分。

1. 乘坐公车

目前我国公共交通事业还不够发达，车少人多，乘车高峰时十分拥挤，在这种情况下，更要讲究乘车文明，维护乘车秩序，保证车辆正常运行。

（1） 候车要先看清站牌和行车方向，然后排队候车，不要往车道上挤，上车要按次序，有老人、小孩、病人上下车，要尽力扶助。

（2） 上车后不要争先恐后地抢座位，要往车厢中间走动。对病人、孕妇和抱小孩的乘客要主动让座。站立车厢时要扶好站稳，以免刹车时挤撞、踩踏到别人，碰了别人要道歉。

（3） 下雨天乘车，在上车前应把雨伞折拢，雨衣脱下叠好，不要把别人的衣服弄湿。

（4） 乘车时，不要吸烟，不吃带皮带核的东西，不要把头手伸到车外，不在车内大声交谈，更不应嬉笑打闹。

（5） 到站前，提前向车门移动，下车时要按次序下，注意扶老携幼。

2. 乘坐轿车

（1） 轿车座位的坐次

一般而言，小车配有司机的话，车上最高贵的位置是后排右座。其余座位的尊卑次序是：后排左座，前排右座。而如果是主人自己驾车，则车上座位的尊卑次序正好相反。通常来说，客人坐到哪个座位上，哪个位置就是上座。有时客人可能出于“自谦”的考虑，若坐到了主人位置上，要为主人开车，也不必请客人挪动位置。

上车时，应依照座位尊卑排列次序，且应从车后绕行进入，通常入左座从左门进，入右座从右门进。下车时，则依相反次序出来。若秘书跟车送客，抵达目的地时，应先于客人下车，替客人打开车门，以手挡住车棚上框，协助其下车。

（2） 上、下车的方式

无论是为公事或私事，我们都会遇到搭乘轿车的机会。自然优雅的上、下车动作，将可表现出你良好的气质。

① 臀部先坐进车中，留在车外的双脚膝盖则应并拢。

② 将头及身体挪进车中。此时两脚应完全并拢。

③ 把脚抬上来，转身面向正前方坐好，两脚继续保持并拢。

注 意	如果头、脚先进入车内的话，后面的人就必须面对你的臀部，这是很不礼貌的行为。

3. 乘坐巴士、游览车

在接待团体客人时，多采用巴士或者游览车接送客人。巴士、游览车以司机座后第一排即前排为尊，后排依次为小。其座位的尊卑，依每排右侧往左侧递减。

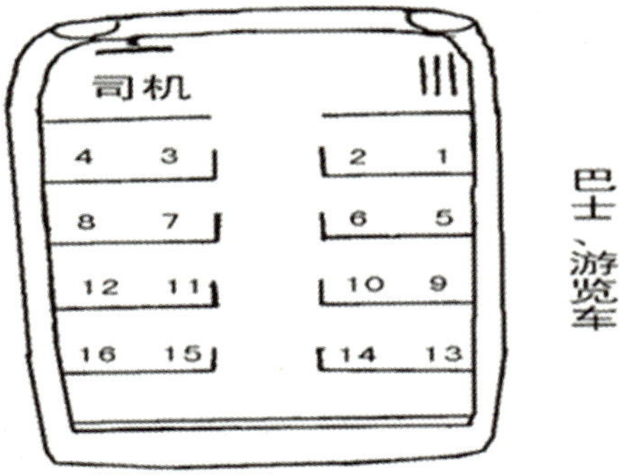

巴士、游览车座次安排

七、送花的礼仪

送花的礼仪指的是送花者送花的“花卉语”与送花者所要表达的思想感情是否一致。

在一般场合是送一束，如拜会朋友、参加宴会、探慰病人等；若有一定私交而仅仅只是表示友谊的情感时，可以送一枝，在比较重大或正式场合下，如就职典礼、开业致庆、红白喜事等可以送花篮或花圈，以示隆重；送花可以是亲自选送，也可以是请花店送。送鲜花是最好的，也可以送绢花，但不能送塑料花。

送花要根据地域、风情、习俗、目的的不同而区别开来，并注意从鲜花的文化内涵、颜色、数目、品种以及场合、对象等方面加以考虑，才能送得恰当、拿着舒心，从而表现出较高的品位和情调，以达到融合人际关系的目的。关于花的语义，可参考下列鲜花的礼仪象征介绍。

鲜花的礼仪象征

花　　名	礼仪象征	花　　名	礼仪象征
紫罗兰	希望、节操和幸运	水仙花	友情、真诚和恳切
樱花草	爱和嫉妒	茉莉花	优美
玫瑰花	真情的爱	紫丁香	羞涩
康乃馨	体贴和遐思	秋麒麟草	表示大吉大利，象征成功
白百合	纯洁和忘我的境界	圣诞蔷薇	优美、慈悲和同情
香水百合	纯洁、富贵、婚礼的祝福	富贵竹	淡雅、清秀、象征吉祥、富贵
菊花	清静、高洁、真爱	天冬草	粗中有细、外表气宇轩昂，内在体贴
郁金香	爱的表白，荣誉、祝福、永恒	郁金香（紫）	无尽的爱、最爱
郁金香（白）	纯情、纯洁	郁金香（粉）	美人、热爱、幸福
郁金香（红）	爱的告白、喜悦	郁金香（黄）	高贵、珍重、财富
向日葵	爱慕、光辉、忠诚	星辰花	永不变心
风信子	喜悦、爱意、浓情密意	大理花	华丽、优雅
剑兰	用心、长寿、福禄、康宁	梅花	坚强刚毅
迷迭香	忠诚、热情和和怀念	樱花	青春
小苍兰	纯洁、幸福、清新舒畅	翠菊	追想、可靠的爱情、请相信我
彩色海芋	爱情、富贵、真情	火鹤花	新婚、祝福、幸运、快乐
海芋	希望、雄壮之美	常春藤	出色的才能
白月季	尊敬和崇高	红花竹	苦恋
粉红月季	初恋	荷花	高洁、纯真
黑色的月季	个性和创意	葵百合	胜利、荣誉、富贵
蓝紫的月季	珍贵和珍稀	桃花	辟邪
三色月季	博学多才、深情	长寿花	馈赠老人或友人的佳品
龟背竹	健康长寿	蝴蝶兰	我爱你，是新娘捧花中的重要花材
红花竹	苦恋	鸡冠花	永恒的爱情
黄栌	历经风霜，真情不变，寓意真心	马蹄莲	圣法虔诚，永结同心，吉祥如意
南天竹	长寿	睡莲	纯洁的心或纯真
一串紫	智慧	勿忘我	浓情厚意、寓意永恒的爱
一串红	恋爱的心	一串白	精力充沛

八、接听、打电话（或手机）的礼仪

打电话是通讯联络礼仪的一个主要内容。拨打电话的一方是呼叫方，接听电话的一方是受话方，在整个通话过程中，呼叫方起着支配作用。在日常生活中，人们通过电话也能粗略判断对方的人品、性格。因而，掌握正确的、礼貌待人的接打电话方法是非常必要的。

1. 接听电话

当别人打来电话时，应当及时接听，如果接电话不及时，应当向对方说“抱歉，让您久等了”一类的道歉词，以示礼貌。如果对方是不太熟悉的人，接通电话后要先问好，并自报家门，目的是为了确认自己是否呼叫了真正要通话的对象。如果是比较熟悉的人，也可不必自报家门。

在听电话时应聚精会神，适时地给予回应，表示自己在认真聆听对方的话，不应长时间不出声，任凭通话人“自言自语”而不顾，也不应心不在焉地一边接电话一边干别的事。如果电话铃声响起正在忙别的事，无法分身，应向呼叫方简短说明，表示歉意，并约好时间自己主动打过去。在使用手机时，如果有其他电话打入，不应直接中断通话，而应向来电话的人说明原因，请他不要挂断电话，稍等片刻。接通另一个电话后，也要请对方稍等片刻，或者约定时间再次通话，等对方理解之后，再继续刚才正在接听的电话。

2. 拨打电话

在给别人打电话的时候，应把握住通话的时间、内容和分寸，例如，非公务电话应当避开对方上班的时间，可选择中午或晚上的空闲时段且不影响对方休息的时间。在打电话前要对自己想要说的事情做到心中有数，尽量梳理出清晰的顺序，电话接通后，先进行简单问候，然后开宗明义，直奔主题，不要讲空话、废话，不要啰嗦、重复，更不要偏离话题，节外生枝或者没话找话，一厢情愿地认为受话者有时间陪自己东拉西扯。

拨打电话的人在通话的过程中，始终要注意待人以礼，举止和语言都要得体大度，尊重通话的对象，并照顾到通话环境中其他人的感受。通话结束后，要向对方进行感谢和祝福，做为结束的信号。

案例

某公司新建的办公大楼需要添置一系列的办公家具，价值数百万元。公司的总经理已做了决定，向A公司购买这批办公用具。

这天，A公司的销售部负责人打电话来，要上门拜访这位总经理。总经理打算，等对方来了，就在订单上盖章，定下这笔生意。

不料，对方比预定的时间提前了 2 个小时，原来对方听说这家公司的员工宿舍也要在近期内落成，希望员工宿舍需要的家具也能向A公司购买。为了谈这件事，销售负责人还带来了一大堆的资料，摆满了台面。总经理没料到对方会提前到访，刚好手边又有事，便请秘书让对方等一会。这位销售员等了不到半小时，就开始不耐烦了，一边收拾起资料一边说：“我还是改天再来拜访吧。”

这时，总经理发现对方在收拾资料准备离开时，将自己刚才递上的名片不小心掉在了地上，对方却并没发觉，走时还无意从名片上踩了过去。但这个不小心的失误，却令总经理改变了初衷，A公司不仅没有机会与对方商谈员工宿舍的设备购买，连几乎到手的数百万元办公用具的生意也告吹了。

A 公司销售部负责人的失误，看似很小，其实是巨大而不可原谅的失误。顿时让这位总经理产生反感。再加上对方没有按预约的时间到访，不曾提前通知，又没有等待的耐心和诚意，丢失了这笔生意也就不是偶然的了。

【案例思考】

A公司销售部负责人违背了哪方面的礼节？他应该怎样做才符合礼仪要求？

【案例分析提示】

名片在商业交际中是一个人的化身，是名片主人“自我的延伸”。弄丢了对方的名片已经是对他人的不尊重，更何况还踩上一脚。

【实训项目】

情景说话训练 1

在一个朋友聚会上，你作为某公关公司的秘书通过自我介绍，认识了两位正在闲聊的其他公司的朋友。

要求：训练中应出现称呼、介绍、握手、名片交递等社交礼仪环节；时间不少于 3 分钟。

情景说话训练 2

在办公室里，你作为某公司广告部经理的秘书接到客户来访的预约电话，预约三天后，将至你公司与经理就双方合作事宜进行面谈。

要求：注意电话接待过程中的礼仪要求。

思考题

（1） 握手讲究什么礼节？

（2） 为他人做介绍的礼节顺序有什么讲究？

（3） 交换名片时有些什么讲究？

（4） 乘坐轿车的座次安排以及上下车要注意哪些礼仪？

第二节 交谈礼仪

案例

一天，达尔文先生应邀参加一个晚宴，刚落座，邻座的一位美貌女子想挖苦他一下，故意问道："您说人是从猿猴变来的，那么您也是？"

同桌的人都兴趣十足地看着他们，想听听达尔文的回答。达尔文笑着说："对呀，人是猿猴变的。只不过，我是一只普通的猴子变的，而您呢，是一只迷人的猴子变的！"

启 示：达尔文幽默、机智的回答让人拍案叫绝。好的口才总是以广博的知识为基础。机智应对、幽默、博学多知均是与人交谈中的技巧。

交谈是表达思想及情感的重要工具，是人际交往的主要手段。在人际关系中的"礼尚往来"中有着十分突出的作用，强化语言方面的修养，学习、掌握并运用好交谈的礼仪，是至关重要的。

一、谈话的礼节

1. 态度诚恳，亲切自然

交谈的基本态度是诚恳，只有在双方态度诚恳的情况下才可能获得良好的沟通效果。如果虚情假意，言不由衷，搞"外交辞令"，就会出现"话不投机半句多"的尴尬局面。所以，交谈时，不要装腔作势，夸夸其谈；不要胡乱恭维、赞美别人；不要向别人夸耀自己的成功，转弯抹角地自我吹嘘。否则，容易使当事者反感。

交谈时，听到夸奖话，应表示谦逊，以掩饰的方法来表现自己的优点；听到批评逆耳之言，不要表现出不高兴和过多的解释；回答问话时，要表现出善良、友好的诚意。

交谈时的神态

2. 声音、语速适中

与人交谈不仅要吐字清晰，在日常生活和工作中使用标准的普通话，更重要的要避免粗声大嗓。谈话的声音不要过大，语速要适中。其标准是让所有参与者都能听清，而又不干扰与之无关的人。

在商务活动中还要学会控制自己的情绪，不能让消极的情绪通过自己的声音流露出来。语气理性、语音清晰、声调略低，这都是职业的需要，有利于树立良好的形象。

3. 语言文明，神态专注

语言文明是交谈中最基本的原则。它要求语言不但礼貌、规范，而且要准确、得体。语言的文明能获得他人对自己的友好与尊敬。同时，在交谈中，出于对他人的尊重，有必要对自己的神态加以约束，特别是要注意自己的眼神和手势。

4. 注意谈话时的人际距离

心理学家发现，在人群中每个人都需要有一个个体空间，它就像一个无形的“气泡”把人包围着，一旦有人靠得太近，突破这个“气泡”，就会感到不舒服。因此，在与人交谈中要特别注意与谈话者之间的人际距离。

根据人们感情交往的程度不同，空间距离可分为四种。

（1） 亲密距离（0～45 cm）。只有血缘关系的人、同性密友、家人、恋人、夫妻等可采用。

（2） 个人距离（45～120 cm）。在个人距离内交谈一般带有情感，好友可以采用这个距离。

（3） 社交距离（120～360 cm）。这是公事公办的距离，适合人们进行社会性的、非个人的相互联系，如同事们在一起工作、各种公务交往等。

（4） 公众距离（360 cm 以上）。这是公众的、社会活动的距离。

5. 注意交谈的内容

（1） 避谈对方的禁忌。每个人都有所长有所短，不要在对方的短处面前，大谈自己的长处和优势，以免触及对方的伤痛，伤害其自尊。

（2） 谈话时要摆正自己的位置，注意“交谈五忌”，即不打断对方；不补充对方；不纠正对方；不质疑对方；不挖苦对方。

（3） 注意谈话中的“六不谈”。

① 不谈政治倾向错误的内容。

② 不谈涉及别人隐私的内容。如“五不问”，即收入不问，年龄不问，婚姻家庭不问，婚否不问，个人健康不问，个人经历不问。

③ 不谈涉及国家机密和行业机密的内容。

④ 不谈非议交往对象的内容。

⑤ 不谈诋毁领导、同行、同事的内容。

⑥ 不谈庸俗低级的内容。

二、聆听的艺术

聆听别人的谈话，是一门艺术。从聆听中可获得重要的信息，可了解对方的真实意图、性格、爱好，以便做出针对性的反应，促使交谈顺利进行；同时，聆听有利于搞好人际关系，给人留下良好的印象。对方从你认真聆听的态度上感到你的诚恳、对他的重视，以后还会乐于同你打交道。

1. 要神情专注

交谈时，双方神态要既自然，又专注，应正视对方，认真倾听。东张西望，似听非听，或者翻阅书报，甚至自顾自处理一些与交谈无关的事务，这是极不礼貌的表现，它将会严重破坏谈话的气氛。

同时，也不要随意打哈欠、伸懒腰，做出一副疲惫不堪的样子，或者不时看表，这样显得心不在焉，会给对方留下较傲慢的印象。

2. 要情绪交流

交谈要注意反馈。当一方在阐述自己的意见时，另一方要通过适当的眼神、手势或其他形体语言让对方感觉到你在认真倾听，或及时适当地使用一些语气词，或简单的语句进行反馈，如“啊”、“是吗？”、“那太好了！”、“讲得对”，等等来烘托渲染谈话气氛，激发对方谈兴，如果让一方滔滔不绝，自己却如泥塑木雕一般，对对方谈话不置可否，这也是失礼的表现，同时也损害了自身的形象。

3. 要善于听

有些人在表达时不是直截了当的，而是委婉地说，包含着许多言外之意；有人在谈判中，还故意给对方设陷阱。所以，我们在聆听时，要一边听，一边分析，一边观察，弄清在表面话语之下的真实含意。

4. 注意禁忌

一忌漫不经心；二忌太过挑剔；三忌反客为主；四忌呆板僵硬。

三、交谈的技巧

1. 言之有物

交谈的双方都想通过交谈，有所得、有所想、有所悟。因此，交谈要有观点、有内容、有内涵、有思想，而空洞无物、废话连篇的交谈是不会受人欢迎的。因此，在平时要进行知识、信息的积累，多读书，多看报，收集闲谈时的信息等。

2. 言之有理

谈话的内容不仅要丰富，而且要做到言之有理，持之有据。有理才能站住脚，有据才能使人信服。有理有据，才能增强谈话的感染力，增强语言的表达效果。言之有理，分析透彻，是交往成功的重要原因。

3. 言之有序

言之有序，就是交谈要有逻辑性、科学性。有些人讲话，一段话没有中心，语言支离破碎，想到哪儿就说到哪儿，给人的感觉是杂乱无章，言不达意，不知所云。所以，交谈时，先讲什么，后讲什么，思路要清晰，内容要有条理，布局要合理。

4. 言之有礼

交谈时要讲究礼节礼貌。知礼会为你的交谈创造一个和谐、愉快的环境。讲话者，态度要谦逊，语气要友好，内容要适宜，语言要文明；听话者，要认真倾听，不要做其他事情。这样就会形成一个信任、亲切、友善的交谈气氛，为交谈获得成功奠定基础。

5. 言之有趣

幽默所持的是温和与宽容的态度，是一个人智慧的表现，它充满着敏锐、机智、友善和诙谐，能让人在会心的笑声中启人心智，让人在笑声中反省自己，感悟真谛。另外，幽默的语言能够化解人际交往中的紧张、矛盾和尴尬，还能缩短彼此间的心理距离，使沟通达到良好的效果。

总之，交谈是一种双向的行为。无论是哪一种的交谈，都离不开“说”与“听”双方的配合。

案例

在一次谈判结束后的鸡尾酒会上，一位日本谈判代表端着一杯鸡尾酒和美国谈判代表在随意闲谈着。日本人老喜欢贴近着跟美国人说话，所以身体不自觉地向着美国人移动；而美国人却不喜欢人家与自己太近距离交谈，于是也就不自觉地往后退。就这样一个往前移，一个往后退，结果就变成了日本人追着美国人在大厅里转圈子。

【案例思考】

这个案例告诉我们什么？

【案例分析提示】

交谈时注意双方之间的距离。不同的对象、不同的场合在交谈时的距离是有所不同的。

【实训项目】

自我介绍训练

请面对你的同学介绍你的特长和才华。

要求：把握声音的大小、语速的快慢；时间不少于 2 分钟。

情景说话训练

学生按照“时间”、“地点”、“人物”、“事件”分组拟定若干词组，并写在纸条上。然后由学生从每一组中随机抽出一个纸条，根据所抽的“时间”、“地点”、“人物”、“事件”组织语言讲一个故事。如从“时间”组中抽出“2035 年 7 月 21 日晚上 12 点钟”，从“地点”中抽出“原始森林”，从“人物”中抽出“鲁智森”，从“事件”中抽出“烛光晚餐”，那么学生就要根据所抽出的词语编造一个小故事。

要求：语言有一定逻辑性；时间不少于 2 分钟。

思 考 题

（1） 与人交谈时应注意什么礼节？

（2） 为什么要聆听？

（3） 什么是社交中的人际距离？与人交往时为什么要注意采用恰当的人际距离？

第三节 公共场所礼仪

在现代文明社会里，人们在不同的环境都会关注一些细节。所谓细节决定成败，商务会所、餐馆、公园、电影院、医院、学校、桑拿浴场等都有着不同的礼仪细节，例如：排队时不能插队，垃圾不能随手乱扔，询问他人时需用“请”、“谢谢”、“对不起”等礼貌用语。

以下简单举例公共场所中我们需要注意的礼仪。

一、宴席礼仪

餐饮礼仪是指人们以食物、饮料款待他人以及应邀参加宴请活动时所必须遵守的行为规范，是商务交际中最常见的活动形式之一。中国讲究“民以食为天”，西方认为“吃饭是外交的灵魂”。因此，了解和掌握一些有关用餐礼仪，既可以提高我们的综合素质，又有利于开展各种商务交往。

（一）中餐礼仪

中餐宴会是宴请活动时食用的中餐成套点菜及其台面的统称，展示了中国特有的民俗和社交礼仪，是中国传统的聚餐形式。

1. 基本方法

（1） 单桌宴请，主人大都应当面对正面而坐。

（2） 多桌宴请，各桌之上均有一位主桌主人的代表在座，也被称作各桌主人。其位置一般应与主桌主人同向，有时也可以面向主桌主人。

（3） 各桌之上位次的尊卑应根据其距离该桌主人的远近而定，以近为上，以远为下。

（4） 各桌之上距离该桌主人相同的位次讲究以右为尊，即以该桌主人面向为准。

（5） 每张餐桌上所安排的用餐人数应限于 10 人之内，并宜为双数。

2. 圆桌位次的安排

根据上述排列方法，圆桌上位次的具体排列又可分两种具体情况。

（1） 每桌一个主位的排列方法。其特点即每桌只有一名主人，主宾在其右首就座，每桌只有一个谈话中心。

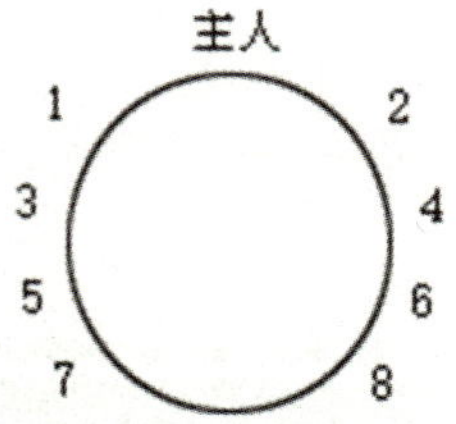

位次排列的基本方法

（2） 每桌两个主位的排列方法。表现为主人夫妇就座于同一桌，以男主人为第一主人，以女主人为第二主人，主宾和主宾夫人分别在男女主人的右侧就座。如果主宾的身份高于主人，为表示尊重，可安排其在主人位次上就座，而请主人坐在主宾的位次上。

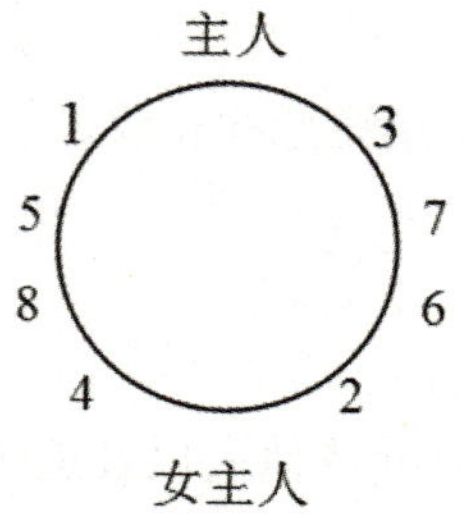

每桌两个主位的排列方法

3. 中餐桌次的排列

（1） 决定餐桌高低次序的原则。

主桌排定之后，其余桌次的高低以离主桌的远近而定，近高远低，前高后低，中心高周围低，平行时右高左低。主桌应总是处在突出的位置，桌子较多时要设桌次牌。

（2） 排列的总体方法。

餐桌排列的方法有横排、竖排、花排、正排等多种，具体采取哪一种排法应根据场地和美观的原则来确定。

4. 中餐的上菜顺序

标准的中餐宴会，不论是何种风味，其上菜的顺序大体相同，通常的顺序是冷盘—热菜—主菜—点心—汤—水果，上菜时，如果由服务员给每个人上菜，要按照主宾、次宾、主人的顺序，并且要按时针方向依次娶食，切不可迫不及待地越位取菜。

5. 用餐礼仪

（1） 座位的选择。

要事先了解男女主人、其他男女陪客的位置，明白自己当天所扮演的角色。应让年长者、位高者和女士优先入座。如邻座是年长者或女士，应主动协助他们先坐下，同时应与同桌点头致意。

（2） 入座的方式。

最得体的方式是从左侧入座，即以右手拉开椅子，从椅子的左边入座。

（3） 良好的坐姿。

坐在餐桌边时，身体应保持挺直，两脚并齐放在地板上。用餐时，上臂和背部要靠到椅背，腹部和桌子保持约两个拳头的距离。吃东西时，手肘最好还是离开桌面。如果两只胳膊“左右开弓”往外张开，会令两边的同席者感到不便。暂停用餐时，可把双手放在桌面上，以手腕底部抵住桌子边缘，也可以把手放在膝上，双手保持静止不动。

（4） 菜肴的食用。

① 客人入席后，应待主人举杯示意开始时，客人才开始动手取用菜肴。

② 菜肴一上桌，应由主宾先取用。一般来说，无论上任何一道菜，如果主宾尚未动筷，其他的人不宜率先取食。

③ 取菜要文明，应等菜肴转到自己的面前时再动筷子，一次取菜也不宜取得过多。

④ 取菜时应从盘子靠近或面对自己的盘边夹起。距离自己较远的菜可以请人帮助，不要起身甚至离座去取。

⑤ 为表示友好、热情，彼此之间可以祝酒，但不要劝酒，可以让菜，劝对方品尝，但不要为他人夹菜。不要擅自做主，不论对方是否喜欢，都不要主动为其夹菜、添饭，让人家为难。

⑥ 对不合口味的菜，勿显露出难堪的表情。如果主人提醒你用你并不喜欢的那道菜时，可婉转地回答“我吃不下了”，不要生硬地拒绝。

（5） 进餐的风度

① 用餐的时候，不要吃得摇头晃脑、宽衣解带、满脸油汗、汁汤横流、响声大作。宾客进餐的速度宜与男女主人同步，不宜太快，亦不宜太慢。

② 如果需要为别人倒茶倒酒，要记住“倒茶要浅，倒酒要满”的礼仪规则。

③ 如不慎将酒、水、汤汁溅到他人的衣服上，表示歉意即可。

④ 席间不宜抽烟，如需抽烟，必须征得邻座的同意。

⑤ 在用餐的过程中，要尽量自己添加食物。如有长辈，要尽可能给长辈添饭。遇到长辈给自己添饭时要道谢。

⑥ 进餐时要闭嘴咀嚼、细嚼慢咽，嘴里不要发出声音，口含食物时最好不与别人交谈。吐出的骨头、鱼刺、菜渣要用筷子或手取接出来，不能直接吐到桌面或地面上。如果要咳嗽、打喷嚏，要用手或手帕捂住嘴，并把头向后方转。吃饭嚼到沙粒或嗓子里有痰时，要离开餐桌去吐掉。

⑦ 如果宴会没有结束，但自己用餐完毕，不要随意离席。要等主人和主宾餐毕先起身离席，其他的客人才能依次离席。

（6） 餐具的使用。

① 筷子的使用。中餐有别于西餐的餐具主要是筷子。用筷子取菜，必须成双使用。使用筷子要注意，在中国几千年的饮食文化中，用筷子形成了基本的规矩和礼仪。

忌敲筷，忌掷筷，忌叉筷，忌插筷，忌挥筷，忌舞筷，忌舔筷。

中餐餐具

② 汤匙的使用。

- 不要单用汤匙去取菜。
- 暂且不用汤匙时，应置于自己的食碟上。
- 使用汤匙取用食物后应立即使用，不要把它再次倒回原处。
- 使用汤匙里盛放的食物时，尽量不要把汤匙塞入口中或反复吮吸它。

③ 牙签的使用。尽量不当众剔牙。有必要时，应用另一只手掩住口部。剔牙后，不要长时间叼着牙签，更不要用来扎取食物。

④ 洗手巾和餐巾的使用。用餐前，服务人员一般要为每人送上一方热的湿毛巾，这是

供进餐者擦拭嘴角和双手用的，不可以用于洗脸、擦脖子、揩手背等，否则，也是失态的。如果桌面上设有餐巾，当主人示意用餐开始时，方可将餐巾全部打开或打开到对折为止，平摊到自己的腿上。值得注意的是，那种将餐巾塞在领口内或插在裤带上的古典式做法早已不合时宜。

在正式宴会，切忌用餐巾或餐巾纸擦拭餐具、酒具等物品，那是对主人的不信任、不尊重行为。

（二）西餐礼仪

西餐是对西式饭菜的一种约定俗成的统称，西餐源自于西方国家，必须使用刀叉取食。吃西餐要遵循一定的礼仪。

1. 西餐位次的排列

（1） 位次排列的基本原则

① 女士优先：女主人——主位，男主人——第二主位。

② 恭敬主宾：男女主宾分别紧靠女主人和男主人。

③ 以右为尊：男主宾坐于女主人右侧，女主宾坐于男主人右侧。

④ 面门为上：面对门口者高于背对门口者。

⑤ 距离定位：距主位越近，地位越高。

⑥ 交叉排列：男女交叉安排座位，生人、熟人交叉安排座位。

（2） 位次排列的具体方法。

西餐用餐时采用的餐桌有长桌、方桌和圆桌。最常见、最正规的当属长桌。

① 长桌。以长桌排位，一般有两种方法。

第一，男女主人在长桌中央对面而坐，餐桌两端坐人不坐人皆可。

第二，男女主人分别就座于长桌两端。

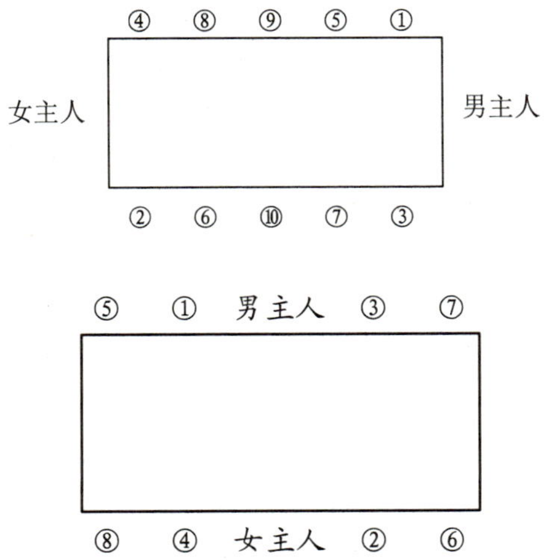

常见的西餐席位安排法

某些时候，如用餐者人数较多，还可参照以上办法，以长桌拼成其他的图案，以便安排大家一道用餐。

② 方桌。以方桌排列位次时，就座于餐桌四面的人数应当相等。在一般情况下，一桌八人，每侧各坐两人，并应使男、女主宾对面而坐，所有人均各自与自己的恋人或配偶坐成斜对角。

③ 圆桌。在西餐中采用圆桌比较少见。

2. 西餐桌次的排列

西餐桌次高低的原则，主桌排定之后，其余桌次近者为高，远者为低；右桌为高，左桌为低。

3. 西餐上菜的顺序

开胃菜－面包－汤－主菜－点心－甜品－果品－热饮

4. 西餐用餐礼仪

（1） 西餐进餐守则

① 按时赴约。一般来说，宜略早到达；若客人身份较高，可以稍晚些到达；特殊情况无法出席，应尽早向主人解释道歉。

② 举止高雅。有人说吃中餐，主要吃其美味佳肴；而吃西餐，则主要吃其风度与气氛。

- 坐相、吃相文雅：应从椅子左侧站起或坐下，并使身体与餐桌保持两拳左右的距离。坐下时，应往后将背伸直坐下，使腰的一部分与椅背轻轻接触。上身要呈挺拔之态，双手应扶住桌沿。用餐时一定要维护环境卫生，并注意个人卫生，不要把餐盘、餐桌和地面上弄得一塌糊涂。
- 进食勿出声响：用餐时尽量不要弄出声来，饮汤时尤其需要注意。进餐时禁止大声说话，也不要大声招呼服务生，可面向其稍微将手抬高一下，不影响他人进餐。就座、用餐时，不要把座椅、餐桌、餐具弄出怪异之声来。

③ 尊重女士。中餐讲究尊重长者，而西餐则讲究尊重女士，特别是女主人。

- 宾客到达宴会地点后，男女主人在那里恭迎。宾客应先和女主人握手后再与男主人握手。男性戴手套时，必须事先脱下，女性则不必如此。
- 排座位时，女主人坐在主位，而男主人屈居第二主位。入座后，所有的宾客都以女主人为指南，当女主人将餐巾铺开，方宣传就餐开始。
- 如偶有迟到的客人入座，当女主人从座位上站起来迎接、招呼时，席上的男宾也必须陪同站起来。
- 每一道菜上来时，亦要经女主人招呼，才能开始进食。如果女主人问客人是不是愿意再添一点菜，客人应表示欣赏女主人所做的菜。当女主人请客人在吃一些时，无论是否愿意再吃，能否再继续吃，客人都要向其表示感谢。
- 女主人要一直陪着吃得最慢的客人。一个关心别人的客人是不会吃得太快，好像狼吞虎咽一般；也不会吃得太慢以致女主人等着。

- 客人在女主人表示宴会结束之前离席是不礼貌的。必须离席的话，应请女主人原谅。当女主人表示宴会已经结束时，应立即从座位上起立，所有的客人也都随之起立。
- 男宾还有照顾女宾的义务。如入席时，男宾应替身边的女宾移开椅子，让她入座，自己在坐下；进餐时，也要随时照顾。在女宾起立后，男宾应帮助她们把椅子归回原处。当然，女宾接受服务后，应向男宾道谢。

④ 衣着得体。赴宴前，应注意仪表整洁，穿戴大方，忌穿工作服。

⑤ 积极交际。宾客参加西餐宴会时，要与主人、主宾打招呼问候。要与身边的人、邻座交际，因为这也是主人将宾客的位置安排在那儿的目的。要想与自己希望结识的人交际，此种情形下，请人引见是一种有效的手段。

（2） 西餐餐具使用。

① 刀叉的使用。基本原则：右手持刀，左手拿叉。

西餐餐具

刀叉持法

- 刀叉的区别：正规的西餐宴会，讲究吃一道菜换一副刀叉，刀叉一般有吃黄油用的黄油餐刀、吃鱼用的刀叉、吃肉用的刀叉、吃甜点用的甜点叉等。
- 黄油餐刀一般横放在左侧餐叉前方的面包盘上，其他刀叉则是在餐盘左右，并且右刀左叉。使用的时候，依次由两边的外侧向内侧取用。
- 甜点叉最后使用，一般在餐盘的正上方横放点心刀和甜点叉，且刀把朝右，叉把朝左。
- 常规用法：使用刀时，从外侧向内侧取用刀叉，要左手持叉，右手持刀；切东西时，左手拿叉按住食物，右手拿刀将食物切成小块，用叉子往嘴里送。用刀的时候，刀刃不可以朝外。
- 刀叉的暗示。

暂停用餐：刀右左叉，刀口向内、叉齿向下，呈“人”字摆放在餐盘上，它的含义是此菜尚未用毕。

用餐完毕：刀口内向、叉齿向上，刀在餐盘右边、叉在餐盘左边并排纵放。或者刀上叉下地并排横放在餐盘里，并且握把皆向右，它的含义是服务人员可以连刀叉带餐盘一块收掉。

② 餐巾的使用。

- 餐巾的暗示：女主人铺开餐巾，暗示用餐开始。女主人把餐巾放在桌上，暗示用餐结束。将餐巾放在椅面上，暗示暂时离开。
- 餐巾的铺放：餐巾应平铺在自己并拢的大腿上，最好用双手打开餐巾，并将其折放的整个过程悄然进行与桌下，切勿临空一抖，吸引他人注意。

（3）西餐进食方法

① 主菜：用刀切割，一边切一边吃。吃有骨头的肉不要直接“动手”，要用叉子把整片肉固定住，再用刀沿骨头插入，把肉切开，边切边吃。吃鱼时不要把鱼翻身，吃完上层后用刀叉剔掉鱼骨后再吃下层。如果骨头很小，可以用叉子把它放进嘴里，在嘴里把肉和骨头分开后再用餐巾盖住嘴，把骨头吐到叉子上，然后放到碟子里。如果食用需要直接“动手”的肉，洗手水往往会和肉同时端上来，一定要时常用餐巾擦拭手和嘴。

② 汤：用汤匙由内往外舀，不可将汤碗端起来喝，也不能吸着喝。喝汤时不能舔嘴唇，或咂嘴发出声音。即使汤菜再热，也不要用嘴吹，应用汤匙由后往前将汤舀起，汤匙的底部放在下唇的位置，然后将汤送入口中。碗里的汤剩下不多时，可用手将碗略微抬高。吃完后，将汤匙留在汤盘里，匙把指向自己。

③ 面条和面包：面条要用叉子卷妥再食用；面包用手撕成小块放入口中，不能用嘴直接咬或者用刀叉剥食，要以牛油刀或餐刀涂抹牛油，并且防止面包碎片跌落在餐桌上。

【案例分析】

老张的儿子留学归国，带了位洋媳妇回来。为了讨好公公，洋媳妇一回国就请老张一家到当地最好的四星级饭店吃西餐。老张为了显示出自己很讲究，就用桌上一块“很精致的布”仔细的擦了自己的刀、叉。吃的时候，学着他们的样子使用刀叉，既费劲又辛苦。中途老张上洗手间，把刀叉放成刀口内向、叉齿向上，被服务人员把刀叉带餐盘一块收掉。老张回来后责问服务人员为何没吃好就把他的餐具收掉，弄得大家非常尴尬。用餐结束，老张盛了几勺精致小盆里的“汤”放到自己碗里，然后喝下。洋媳妇先一愣，紧跟着也盛着喝了，而老张的儿子早已是满脸通红了。

【案例思考】

1. 请指出老张有哪些失礼之处？
2. 请想一想西餐中刀叉和餐巾的不同摆台各暗示什么？

二、观看演出

（1） 观看歌剧、音乐会时，应准时或提前入场。如果迟到，最好在幕间入场。如果是观看电影，没有幕间，则应提起脚跟悄悄地行走，找寻自己的座位，同排的观众协助你入座，应说一声“谢谢”，“对不起”。

（2） 在影剧院入座的次序有一条不成文的规则，就是男士应当坐在靠近过道的位子上。

（3） 不要把花生、瓜子之类的食物带入影剧院内，而观看高雅的音乐会、歌剧时绝对不能携带零食。

（4） 观看电影、戏剧时，应摘下帽子，以免遮挡后面观众的视线，观看时坐姿要稳重，不要经常左右晃动。如果不小心碰到了别人，应主动道声“对不起”，避免发生口角。

（5）有人喜欢在光线灰暗的影剧院里亲热。这是恋爱中的某些男女最容易犯的毛病，也是不高雅、不文明的行为，应该克制。

（6） 节目演出或电影放映时，要保持安静，不要谈笑、附唱或以手击拍。有的观众喜欢当义务讲解员，在演出或放映过程中，高声解说和品评，这样做会影响其他观众的欣赏。

（7） 对于每位演员的演出都应报以热烈的掌声，不能厚此薄彼。全部节目演毕，应向演员热烈鼓掌表示谢意，等待演员谢幕后再行离场。谢幕时，不要拥到台前围观，也不要在演员还没有出来谢幕时就转身离开。

（8） 在影剧院举止要文雅，绝不可有侮辱演员人格的粗野行为。即使演出的节目坐镇不喜欢，或演出失误，也绝不能对演员起哄、吹口哨、发嘘声、鼓倒掌、怪叫等，要避免做不文明的观众，要使演出秩序井然地进行下去。

（9） 看电影时如遇中途断片，应对放映人员采取谅解态度，耐心等待，不要喧闹、吸烟或离开座位随意走动。如无特殊原因，不要中途退场，不得已需中途退场，离座时要慢步轻声，并尽可能在幕间退出。

三、舞会、沙龙礼仪

1. 舞会

【案例导入】

小张是一位很帅气的小伙子，穿着很讲时髦。一次，他买了一件很漂亮的大衣，正好周末本单位举行舞会，他便来到会场，只见人们都在翩翩起舞，小张兴致很浓，便邀请一位在座位里休息的女士跳舞，那位女士看了他一眼，很礼貌地拒绝了他，接着小张又邀请了两位女士跳舞，结果均被拒绝。

思考：请问小张为什么会被拒绝？

舞会又叫交际舞会，亦称交谊舞会，一般是指以参加者自愿相邀共舞为主要内容的一种文娱性社交聚会。

舞会

舞会是一种被广泛采用的社交活动形式。在优美的乐曲，美妙的灯光，高雅的舞姿的相互衬托下，人们不仅可以从容自在地获得自我放松，而且还可以联络老朋友，结识新朋友，进一步扩大自己的社交圈。单位内部通过举办舞会，可以沟通管理人员与群众之间、群众与群众之间的感情，协调人际关系；单位与单位之间举办舞会，可以增进友谊，加强交流，建立友好协作的关系，推进业务的开展。

（一）组织舞会的礼仪

要使舞会举办成功，取得好的效果，在举办前要精心地做好各项组织准备工作。

1. 确定适当时间

舞会一般在周末、节假日或开幕式、闭幕式的晚上举行。这些时间气氛活跃，便于大家尽情地娱乐，而不至于影响第二天的工作，这个时间邀请客人也容易成功。

2. 选择好场地

舞会的场地要考虑人数的多少，大小适中，过小拥挤不堪，空气不好，难以使人尽兴；过大显得空空荡荡，气氛不够热烈，情绪会受影响。舞会地面要清洁平整。灯光要稍暗，光线柔和，最好有彩灯、彩纸条加以装饰。舞会一般应有乐队伴奏，造成隆重、热烈的气氛。本单位舞会也可播放舞曲伴舞，应指定专人负责。舞池边要准备休息的椅子，必要时可准备茶水、点心。

3. 安排舞伴

舞会一般是男女相伴而跳。因此，舞会主办者应考虑参加者的性别比例，使男性与女性人数相当。

4. 选好舞曲

好的舞曲能创造出高雅、欢快、美妙的舞场气氛，必然受到舞者的欢迎，并把舞会推向高潮。因此，舞曲的选择尤为重要。通常，舞曲选择时要注意曲子的旋律、节奏的快慢、长短等。同时，选择时也要注意所邀舞者的类型。

5. 发出请柬或海报

单位之间的舞会，应发出请柬和门票。请柬要写明开始时间、地点及结束时间。对身份特殊的贵客应专门发给请柬。

（二）参加舞会的礼仪

舞会的所有参与者，在舞场之上均需注意个人的行为举止，注意自己的临场表现，时时处处遵守舞会的礼仪规范。

对一般人而言，约束自己在舞场上的表现，主要是要注意修饰、邀人、拒绝、舞姿、交际等五个方面的基本问题。

1. 修饰

（1） 仪容。

在仪容方面，舞会的参加者需干净整洁。男士务必要剃须，女士在穿短袖或无袖装时须剃去腋毛。特别需要强调的有两点：其一，务必注意个人口腔卫生，禁食气味刺激的食物，清除口气。其二，外伤患者、感冒患者以及其他传染病患者，应自觉地不要参加舞会，否则不仅有可能传染于人，而且还会影响大家的情绪。

（2） 化妆。

参加舞会前，要进行适度的化妆。男士化妆的重点通常是美发、护肤和祛味。女士化妆的重点则主要是美容和美发。与休闲妆、上班妆相比，因舞会大都举行于晚间，故舞会妆画得相对浓些。但若非参加化妆舞会，化妆时仍须讲究美观、自然，切勿搞得怪诞神秘，令人咋舌。

（3） 服装。

在正常情况下，舞会的着装必须干净整齐、美观大方。有条件的话，可以穿格调高雅的礼服、时装、民族服装。若举办者对此有特殊要求的话，则需认真遵循。在舞会上，通常不允许戴帽子、墨镜，或者穿拖鞋、凉鞋、旅游鞋。在较为正式的民间舞会上，一般不允许穿外套、军装、警服、工作服。切忌服装过露、过透、过短、过小、过紧，既不庄重，也不合适。

舞会服装

2. 邀人及拒绝

在舞会上，邀请他人与自己共舞，是参加者必做之事。舞会礼仪规定，在邀人共舞时，特别要从常规、方法、选择、顺序等几个要点规范自己。

（1） 常规。

① 邀请。

在舞会上，邀请舞伴的下述基本规范，是人人必须严格遵守的。不然的话，就会失敬于人，或是令人见笑。

请舞伴时，最好是邀请异性。通常讲究由男士去邀请女士，不过女士可以拒绝。此外，女士亦可邀请男士，然而男士通常都不能拒绝。

在较为正式的舞会上，尤其是在涉外舞会上，同性之人切勿相邀共舞。两位男士一同跳舞，会给人以关系异乎寻常之感。而两位女士一起跳舞，则等于是在宣言：“没有男士相邀”，所以迫不得已以此举可呼吁男士们“见义勇为”。

根据惯例，在舞会上一对舞伴只宜共舞一支曲子。接下来，需要通过交换舞伴去扩大自己的交际面。舞会上的第一支舞曲，一般讲究男士要去邀请与自己一同前来的女士共舞。如有必要，他们二人还可以在演奏舞会的结束曲时再同跳一次。

② 拒绝。

女士被人邀舞是对自己的尊重，一般不应拒绝。确实不想跳时，应当有礼貌地婉言谢绝：“对不起，我想休息一下”；还可说：“对不起，我有些不舒服”。如男士邀请女士得到这样的答复，切不可反目，让对方颜面尽失。反而，应该很绅士地把自己的修养体现出来，如说：“噢，对不起，打扰了”，这样被拒男士会受到女士的尊重。

（2） 方法。

邀请他人跳舞，应当力求文明、大方、自然，并且注意讲究礼貌。千万不要勉强对方，尤其是不要出言不逊，或是与其他人争抢舞伴。

一般来说，邀请舞伴时，有两种具体的办法可行。其一，直接法。即自己主动上前邀请舞伴。可先向被邀请者的同伴含笑致意，然后再彬彬有礼地询问被邀请者：“能否有幸请您跳一次舞？”。

其二，间接法。即自觉直接邀请不便，或者把握不是很大时，可以托请与彼此双方相熟的人士代为引见介绍，牵线搭桥。

不论采取何种方法请人，万一自己来到被邀请者面前，已有他人捷足先登，则须保持风度，遵守先来后到的顺序，礼让对方，等下一次再去进行邀请。

（3） 选择。

在舞会自行选择舞伴时，亦有规范可循。有可能的话，不要急于行事，而是最好先适应一下四周的气氛，进行细心的观察。

如何邀请女舞伴是个很微妙的心理过程，要学会观察分析，要大胆还要心细。一般说起来，选择舞伴最好与自己年龄、气质、身高、舞技相当为好；邀请较少有人邀请之人，既是对其表示的一种重视，也不易遭到回绝；邀请未带舞伴的人共舞，成功的机会往往较大。除以上几种情况之外，在舞会上倘若发现有人遇上异性的纠缠骚扰，最得体的做法，是应当挺身而出，主动邀请被纠缠者跳一支曲子，以便“救人于水火之中”。

（4） 顺序。

在较为正式的舞会上，根据舞会礼仪的规定，人们除了要与自己一起来的同伴同跳开始曲、结束曲，或是可以酌情自择舞伴之外，还须按照某些既定的顺序，去“毫无选择”地邀请其他一些舞伴。下面就男士邀请舞伴的合理顺序。

就主人方面而言，自舞会上的第二支舞曲开始，男主人应当前去邀请男主宾的女伴跳舞，而男主宾则应回请女主人共舞。

接下来，男主人还需依次邀请在礼宾序列上排位第二、第三……的男士的女伴，而男宾应回请女主人共舞。

就来宾方面而言，有下列一些女士是男宾应当以礼相邀，共舞一曲的。她们主要包括：一是舞会的女主人，二是被介绍相识的女士，三是自己旧交的女伴，四是坐在自己身旁的女士。

以上女士若被男宾相邀后，与其同来的男伴最好回请该男宾的女伴跳上一曲。

3. 落落大方，步入舞池

女士接受邀请后，应带领男士步入舞池。这是“女士优先”原则的体现，因为女士有权选择在舞池中的哪个方位起舞；同时，这也可体现邀舞男士的风度。另外，步入舞池脚步要不快不慢，既不能急匆匆地，又不能懒懒散散，无精打采。

4. 讲究舞姿，举止文雅

国外的教师们曾用这样一种形象来表达这种整体感—— 一个身子两个脑袋四条腿。这种西方式的幽默，可使我们比较准确地抓住问题的核心。

在现代舞里，除探戈之外，所有舞种的标准握持都是一样的。其要点如下。

脚，双脚平行并拢，切不可“八”字形张开；右脚尖对准舞伴的两脚之间；重心集中于前脚掌但不能抬起脚跟。

手，男伴的右手掌心向里，扶在女伴左侧肩胛骨下缘；从肘尖直到指尖形成一条直线、呈斜角状自然斜垂，五指并拢，既不要凸起手腕，更不能用手背来控舞；大臂基本平肩并呈椭圆形展开。女伴左手轻放在男伴右大臂三角肌处；四指并拢，用虎口定位；整个手臂轻放在男伴手臂之上，不可脱离接触。男左手和女右手对握，脚跟与地面垂直，并互相顶住、整个手臂呈圆弧状向斜上方展开。手的高度一般在齐耳根和齐眉之间的某一固定点，视环境的需要而定。譬如：在大型体育馆里应高一些，在小型舞厅中则适当低一些。

头和视点，在保持双方肩横线平行的前提下，各自的头部向左侧 45 度正侧转，双眼平视前方；女伴还应充分利用胸椎和颈椎的关节功能，从剑突部位起，让胸椎后展 15 度、颈椎再后展 15 度成挺拔式弯曲，造成特有的女性曲线美。注意切勿理解为往后躺腰或挺腹。

另外，举止文雅还体现在：进入舞池后，就可跟随舞曲曲式和节奏起舞。姿态要端正，身体要正直、平稳，切勿轻浮，但也不要过分严肃，双方眼睛自然平视，目光从对方右上方穿过。不可面面相向，不要摇摆身体，不要凸肚凹腰，不要把头伸到对方肩上。男子不要揽女士过紧，以力量大小变化来领舞，切莫按得太紧太死，甚至把女方的衣服揪起，十分不雅观。

跳舞中间，踩住对方的脚了，要说一声：“对不起，踩着你了。”旋转的方向应是逆时针行进，这才不至碰到舞池中的其他人。若碰到别人，要道歉，或微微点一下头致歉。

5. 有始有终，送回原位

一曲终了，男子要对女舞伴致意，可以说：“你的华尔兹跳得真好。”“你的动作反应快，和你跳舞很轻松，谢谢。”并把女舞伴送回原来的位置。

6. 沙龙

（1） 沙龙的含义。

沙龙，原本是法文 Salon 的音译，法文原意为“会客室”、“客厅”，后逐渐成为社交聚会的一个代名词。

时至今日，沙龙在我国，尤其是在商界非常流行。商界人士看中沙龙这种社交的形式，主要是因为它形式自然、内容灵活、品位高雅，可以使渴望友谊、注重信息的人们，既正规而又轻松愉快地与其他人进行交际。

（2） 沙龙的类型。

按照不同的功能，沙龙大致可分为以下 5 种类型。

① 社交性沙龙是由较熟识的朋友、同事结成的定期或不定期的聚会，如同乡联谊会等。

主要的目的是为了使参加者之间保持接触，进行交流。因此，它的具体活动形式可以灵活多样。平日商务人员经常有机会参加的座谈会、校友会、同乡会、聚餐会、庆祝会、联欢会、生日派对、节日晚会、家庭舞会等等，实际上大都属于交际型沙龙。

② 学术性沙龙，是由职业、兴趣相同或相近的人组成的，以探讨某一学术问题为主要目的的聚会。

③ 文艺性沙龙（娱乐），是以联络感情和相聚娱乐为目的的聚会。

④ 联谊性沙龙，是以接待来访者、谋求增进了解和友谊为目的的聚会。

⑤ 综合性沙龙，是一种有多种目的，使人们自由交谈，增进了解的聚会，如酒会、家庭晚宴等。

（3） 参加沙龙应注意的礼节。

① 要恪守规定。所谓恪守规定，就是要求商务人员在参加沙龙时，遵守时间，按时赴约，不得无故迟到、早退或是爽约。

参加沙龙通常不宜早到。准时到场或迟到三五分钟，是比较礼貌的。万一临时有事难以准点到达，或不能前往，需提前通知主人，并向大家表示歉意。迟到太久了，一定要向主人和大家说“对不起”。制造任何借口，都不能“以理服人”。

② 要尊重妇女、长者。妇女是人类的母亲，长者是大家的前辈，鉴于这种原因，商务人员在包括交际型沙龙在内的一切社交场合，都要主动自觉地尊重、照顾、体谅、帮助、保护妇女和长者，并积极地为其排忧解难。

③ 要体谅主人。所谓体谅主人，就是要求在参加沙龙活动时，应当设身处地、时时处处多替主人着想，并尽可能地对其援之以手。至少也应该做到，不给主人忙中添乱，雪上

加霜。

参加沙龙之初，不要忘了去问候主人。在沙龙举办期间，可以找机会向主人询问一下“我能做一些什么”。在沙龙结束时，在向主人道别之后，方可告辞。

④ 要保持克制、别说怪话。不要对主人所做的安排品头论足、说三道四。不要当着他人的面，大谈让主人难堪的“历史旧账”，或是指责、非议、侮辱主人。

沙龙是一种重要、健康的社交活动。因此，要求每个人都要注重礼仪，要精神饱满、落落大方，谈吐文雅幽默，切忌虚伪。这样，你就可在沙龙中给大家留下良好的印象，赢得众人的信任与喜欢，使你在沙龙中结识更多的朋友，获得他们的尊重，取得社会的成功。

【案例分析】

张三（男）与王五（男）是很好的舍友，两人均不会跳交谊舞，故从未参加过学校的周末舞会。眼看四年的大学生活即将结束，两人决定参加一次周末舞会，见识一下舞会到底是什么样？舞会中，两人一直坐在舞池旁的椅子上。看到大家非常尽兴地在跳舞、邀舞……两人终于按捺不住了，于是两人在舞池的一角学着别人的样子开始跳，可是周围的人对他俩抱以了异样的目光。

【案例思考】

请问为什么周围的人会对他俩抱以异样的目光？

【案例分析提示】

请舞伴时，最好是邀请异性。通常讲究由男士去邀请女士。同性之人切勿相邀共舞。因为两位男士一同跳舞，会给人以关系异乎寻常之感。

【实训项目】

在本班教室举办一次小型舞会

要求：

（1） 注意舞会的组织工作。

（2） 注意参加舞会的礼仪。

四、商场购物

商场或购物中心都属于公共场所。作为一个文明的市民在公共场合，必须具备良好的公德意识，必须遵守公共秩序。

（1） 尊重营业员，同时等于尊重你自己。如果营业员正为别的顾客进行服务，则应耐心地等待，不应急切地催逼对方。

（2） 发生差错，应妥善解决。如果营业员在服务时发生差错，应给予谅解，同时可耐心指出，作出善意的提醒。不应当面呵斥，甚至与之争吵，而应将情况反映给商场有关负责人，以求妥善解决。

（3） 文明排队，礼让在先。如果已有人在排队购物，那么，第一，不应插队而应自觉地排队；第二，也不宜委托前面的熟人代为购买，那样其实是变相的插队；第三，如果确有急事办，时间紧张，可向营业员及其他顾客讲明情况，征得他们的同意后，方可提前购买；第四，如有老弱病残者排在自己后面，则可主动让其提前购买。

（4） 购物完毕离开柜台时应向营业员表示谢意。尤其是当对方帮助自己解决了某些特别的困难时，更应如此。为郑重起见，除口头致谢外，还可在留言簿上留言致谢。

五、乘电梯

现代社会高楼大厦林立，搭乘电梯已成为生活中的一部分。乘电梯一定要注意安全。当电梯关门时，不能在门里跳动，更不要扒门，或是强行挤入。当电梯在升降途中因故暂停时，可打电话求救并耐心等待，不要冒险攀援而行。

乘电梯要注意出入顺序。与不相识者同乘电梯，进入时要讲先来后到，出来时则应由外而里依次走出，不可争先恐后。与熟人同乘电梯，尤其是与尊长、女士、客人同乘电梯时，则应当先进去，后出来。

电梯内由于空间狭小，男士千万不可抽烟；电梯里要讲求公德不能乱丢垃圾。在前面的人应站到边上，如果有必要应先出去，以便让别人出去。

（1） 进出电梯礼仪。

进出电梯应注意以下注意事项。

① 注意电梯内卫生。电梯内是严禁吸烟的，可能导致严重的火灾发生，最好也不要携带刺激性气味的物品或者吃东西、喝饮料。

② 注意安全。轻按按钮，不要随意扒门，更不能在电梯内乱蹦乱跳；不要超载运行；遇到故障及时拨打救援电话；遇火警时不能使用电梯。

③ 注意出入顺序。与陌生人同乘电梯，要依次进出，不要抢行。与熟人同乘电梯，当有人值守的时候，应后进后出；当无人值守的时候，应当先进后出，并及时按住控制按钮，以便于控制好电梯。

④ 注意电梯内的合理站位。电梯内的空间比较狭窄，因此站位很重要。当与陌生人同乘电梯时，或者电梯内人数很多时，所有人都要依次“面门而立”；当引领一两位客人同乘电梯，而电梯内又无其他人时，应让对方站在里面侧向门站立，自己则站在电梯控制面板处，侧身与对方成45度站立。

⑤ 不要在电梯内整理仪容。现在的电梯很多内侧装饰了带镜面的材料。但是，这些“镜面”不是用来整理仪容的。尤其是电梯内有他人同乘，不应该面对“镜子”修饰自己的面容或着装；即便电梯内只有一个人也不要这样，因为很多电梯内安装了摄像头，你的一举一动都可能传到了别人的“眼”里。整理仪容是很私密的举动，应该放在洗手间进行。

⑥ 不要大声喧哗。
⑦ 不要携带宠物进入电梯。

思 考 题

（1） 在生活中怎样的环境称之为公共场所？
（2） 列举中餐中常见餐具使用的礼仪规范。
（3） 列举西餐中常见餐具使用的礼仪规范。
（4） 舞会中邀请舞伴应注意什么礼节？
（5） 请说说参加舞会时邀请的礼节。
（6） 商场购物时，能不能凡事都要抢先？
（7） 乘电梯时要注意哪些事项？

第六章 职场礼仪

第一节 求职礼仪

“治礼，敬为大”，“守礼莫若敬”，礼仪的基本内容是尊重人、关心人，而做好求职准备，不仅仅是对自己负责，还充分体现了对求职工作的重视，对招聘人员、招聘单位的尊重。下面我们来了解求职准备工作的一些礼仪要求。

一、求职前礼仪

【案例赏析】

王刚同学性格比较豪爽，四年的大学生活亦比较充实。即将离开生活了四年的大学校园，与同学道别等活动每天都是匆匆忙忙，没好好制作个人简历，校园招聘会上人山人海，每个用人单位摊位前均挤满了学生。他用一张 A4 纸随意写下了个人情况(姓名，毕业学校，专业，联系方式)。王刚同学也投递了他的个人“简历”。一个礼拜过去了，王刚没接到任何面试的电话。打电话到该公司，耐心报了自己的学校、专业和姓名，可电话那头却冷着嗓子说：“我们从来没收到你的简历。”

经过这一次的教训，王刚花了很大力气做了 20 套装潢华丽的简历，每一套都是厚厚一叠。招聘会上，王刚使出浑身解数简历一份份递上，但大多数招聘人员只是随便翻了翻就放到了一边，开始叫下一位应聘者。

招聘大会结束后不久，有一家销售公司给他打来了电话，通知他去面试，但王刚完全不记得给这家公司投递过简历，经对方提醒，才记得确有其事。

想一想

王刚为什么傻眼了？问题出在哪？

（一）积极的心态

当前就业形势严峻，中职生就业压力很大，在求职过程中要有充分的心理准备，保持良好心态，做到知己知彼，使自己处于最佳状态，避免因紧张急燥而导致各种与应聘不协调的失礼行为。这是求职礼仪的基本要素和前提。

求职应聘，“求”字当先。要求求职者在心理上保持一种恭敬、平易近人、与人合作的“空杯心态”。在求职过程中，恃才欺人，在招聘人员面前摆出一副趾高气扬、舍我其谁的架势，不仅与当今社会追求团队合作的潮流背道而驰，还表明求职者缺乏礼貌不懂得尊重人，自然成功率会很低。

作为中职生，你要想在竞争激烈的职场中赢得胜利，就必须做到知己知彼，有的放矢。只有这样，才能有效地避免案例中王刚那样的盲目性，减轻给自己、给他人造成的不必要的财力、物力损失。

知彼，就是要了解有关求职就业方面的信息。要具体了解某一行业、部门对就业者的素质要求。特别是在面试之前，要尽可能了解招聘单位的情况，了解单位招聘的方式、招聘负责人的特点等。对求职就业方面的信息了解越多，自己努力的方向就会越明确。

作为求职者，你还要全面了解自己。不少同学缺乏对自身素质和能力的客观评价，或者过高评价使自己感觉良好，狂妄自大；或者过低评价使自己缺乏自信，过于自卑，结果都容易导致在求职过程中受挫。

（二）准备好求职材料

求职材料是求职者给用人单位呈现自己综合实力、综合素质的第一份见面礼。如果能让招聘主管人员把你的求职材料从一大堆应聘材料中捡出来，你就向成功迈进了第一步。求职者择业前要准备的求职资料大体包括：个人简历、求职信、推荐信以及学习成绩单、各种证书等。

在准备求职材料的时候，你一定要记住：任何一个招聘单位，他们收到的求职材料都会堆积如山，没有哪个人事主管会有时间逐一仔细阅读。因此，本着尊重人的原则，你要注意礼貌涵养，争取给招聘者一种良好的印象。材料要书写规范、谦恭有礼、态度诚恳、言简意赅。尤其是绝对不能出现如错别字、语法和标点符号等方面的低级错误。

下面我们主要谈谈个人简历、求职信的礼仪要求。

（三）简历制作的礼仪

个人简历就是对个人各方面情况的一个简单介绍，陈述的主要内容包括个人基本信息、学历情况、工作经历、主要学习课程与成绩、兴趣特长以及求职意向等。一份好的简历应该简洁明了、详实客观，才能给招聘者留下良好的印象。

一份成功的简历是通往面试的“护照”，是应聘求职的“敲门砖”。 不少同学在准备简历时，也像王刚一样缺乏相应的常识或技巧，只站在自己的立场处理问题，往往容易出现两种极端情况：一是过于复杂。如有的同学详细地罗列了所有的学习课程、所有从小学到现在的奖项，不管它对所应聘的工作是否相关。二是过于简单，简单得仅似一张身份证。事实上，根据调查，一般公司在每份简历上平均花费时间是 84 秒，过长的简历反而令人厌烦，而过短的简历又容易使人认为你不认真。

（四）求职方式礼仪

要想在强手如林、充满激烈竞争的就业市场找到自己的一席之地，我们不仅要做好各种准备，还必须要主动出击，找寻进入职场的大门。因此，我们要主动与用人单位进行联络，推销自己。

除了通过亲朋好友推荐之外，中职生联系单位常用的方式有信函自荐、电话自荐、招聘会、网络应聘。在使用这些方式推介自己时，我们同样不能忽略其中的礼仪。

1. 信函自荐

【案例赏析】

小文能力不错，他很想在顶岗实训结束后换个岗位大干一场，所以几个月来他一直在关注各媒体的相关人才信息。功夫不负有心人，他还真的觅到了一个自认为不错的职位：不仅专业对口且他还有相应的经验，待遇也令他满意，公司规模也合适。于是，他连夜精心制作了求职信和简历材料，还斟词酌句三易其稿，对此职位是志在必得。第二天一大早，就把材料寄了出去。

然而半个月过去，杳无音信，小文打电话去公司查询，才知道他的信虽已寄到，不过太晚了，招聘工作已经结束。尽管他的情况相当不错，但该公司仍表示爱莫能助，请他等下次招聘。小文这才想起来，他当时忽略了人家广告上说的要用传真或快件寄资料的要求。

想一想

小文的教训对你有启发吗？你还知道信函自荐有哪些需要注意的吗？

向用人单位写求职信推荐自己是一种比较常用的求职方式。写求职信的准备时间比较富裕，能系统并有条理地向用人单位介绍自己，内容比较全面，还可以向多个用人单位发放求职信，成本比较小，效率比较高。但是，如果用人单位对你不感兴趣，它可能不给你反馈。而且，用信件进行联系，速度比较慢，需要你耐心地等待。

2. 电话自荐

【案例欣赏】

小蓝前几天在广告上看到了一则招聘信息，他觉得招聘单位的基本条件很符合自己的求职理想，便兴冲冲地直接向招聘单位人事部门打电话，毛遂自荐。第一次是在下午 5 点多打的，接电话的工作人员告诉他主管领导不在。小蓝为了稳妥，第二天 8 点就往单位打了电话，不巧的是主管领导正在开会，他便向接电话工作人员介绍了自己的情况。经过 15

分钟的谈话，小蓝觉得自己还没有能完整地向单位展示自己，可接电话的工作人员却打断他的谈话，说自己已经清楚了，会向主管领导汇报情况。小蓝最终也没被录用。

想一想

小蓝的做法有何不妥当的地方？应该怎么做？

电话自荐是指通过电话推荐自己的一种求职方式。在求职过程中，电话自荐是最为快捷、方便的方式。它要求求职者在短暂的几分钟内通过电话推销自己。要想在电话中给招聘单位留下良好的第一印象，应注意以下几点。

（1） 做好电话自荐前的准备工作。首先，要根据用人单位的需求情况，结合自己的特点，对自己的谈话内容有一个全面的考虑，力争给受话人留下深刻的印象。其次，通话前在电话机旁随手可拿到的地方准备好笔和笔记本，以便记录一些招聘方工作具体要求或填报资料的时间之类的信息。这不仅可以使你避免遗忘，贻误大事，也可以帮助你事后分析经验教训。

（2） 选择恰当的通话时间、地点。给用人单位打电话时，应避开刚上班或快下班两个时间。一般上午 9 时～10 时，下午 2 时～4 时比较合适。应选择比较安静的环境。

（3） 注意音量、语速的控制。通常，打电话的音量要比平常略高，以保证对方能够听得清楚；另外，语速也应稍快于平常讲话，但应保持平稳。

（4） 控制通话时间。电话自荐要注意控制双方通话时间，尤其要控制自我介绍的时间，力争在不超过三分钟的时间里，把自己的情况介绍清楚，并且能够引起对方的注意。

（5） 使用尊称和礼貌用语。短短几分钟的通话时间，也能够体现出一个人的修养和人际交往水平。

（6） 注意倾听电话的方式。打电话时要认真倾听对方讲话，还要礼貌地呼应对方，适度附和、重复对方话中的要点，不能只是说“是”或“好”，要让对方感到你在认真听他讲话，但不要轻易打断对方的话。通话完毕要礼貌地说“再见”，切不可突然挂断电话。

3. 网上应聘

网上应聘的一大好处是一封求职信可以同时发送到多个招聘单位。通过网上、网下应聘相结合的办法可以提高求职的成功率。

有关专业人士认为，要提高网上应聘的成功率，还应注意以下三个方面。

首先，要了解发出的求职信是否能到达招聘单位。

其次，求职的岗位与本人的基本情况要“对应”。必须尽可能多地了解一些你要应聘公司的情况，可以通过网上或其他渠道查询资料，再根据不同公司的特征，强调自己的相应能力。

再次，要根据网上招聘的特点写好求职信。

二、面试礼仪与技巧

面试是通过招聘者与求职者双方面对面的观察、交谈等双向沟通方式来了解求职者的思想观念、气质类型、性格特点、能力水平等素质状况，以确定是否录用求职者的一种人才选拔技术。面试的过程是双方最直接的“短兵相接”的过程，你的一举一动、一言一行，都让招聘者尽收眼底。在求职中仅靠专业知识和热情是不够的，与招聘单位接触时还应有礼貌、讲仪表。所以，面试时请记住：用你的举止和形象，向招聘者表明“我是最适合的人选”。

（一）良好的形象设计

面试的过程，是你从求职材料中走出来，把自己放在招聘者面前，让他认识你、了解你、评估你的过程。第一次见面，招聘者往往以自己的经验和阅历，凭着你的外在形象来判断你的身份、地位、学识、个性等，并形成一种特殊的心理定势，这种心理定势和情绪定势就称为“第一印象”。它往往比你的简历、介绍信、证明、文凭等的作用更直接，更能产生直接的效果。因此，面试时，要特别注意自己的外在形象。

【案例欣赏】

一次面试中，靓丽的田思为了给面试官留下深刻的印象，刻意打扮了一下自己：精致的妆容，新潮的服装，精巧的高跟鞋，显示出她婷婷玉立、凹凸有致的身材，再配上几件华丽的配饰和一只价格不菲的名牌包包，足以夺人眼球。但是，在面试室中，她的这一番刻意的装扮给她带来了麻烦。在欣赏她美丽的同时，工作人员便已经开始对她下不利的评价了：“你确定你是来应聘我们公司的文职人员的吗？”，“太喜欢打扮了，能安稳地工作吗?”，“嗯，看来很有经济实力，是不是娇生惯养的大小姐呢?”。而老练的面试考官一眼便看穿了她刻意打扮的背后的内容——“心情很迫切”，“这个样子不过是装出来的”，“还不够成熟，不够稳重啊!”田思最终也没被录用。

想一想

面试过程中应如何设计自己的形象？

众多的事实表明，漂亮的形象不一定是最佳形象。良好的形象设计，既要符合个人气质特点，又要符合招聘单位的特点。具体要求如下。

1. 衣着服饰得体

一般来说，面试时的着装符合社会大众的审美观并偏向传统保守是大多数用人单位对求职者的共同要求。为此，很多专家推荐男性穿西装，女性选择套裙或干练的职业装为好。

当然应聘的单位和职位不同，选择着装风格应有所不同。如：应聘银行、政府部门、文秘，穿着偏向传统正规；应聘公关、时尚杂志等，则可以适当地在服装上加些流行元素，显示出自己对时尚信息的捕捉能力。

你也许会为自己没有经济能力购买套装而着急，那大可不必。没有套装，平时穿的衣服也可以。招聘者也会理解的，因为他们也是从学生时代走过来的。着装关键是要做到整洁、大方、得体。不要奇装异服。多数情况下，尽可能不穿牛仔裤。男同学若穿西装，最好系领带。注意把衬衫下摆扎进裤里，不要穿袖口或裤脚折边已破损或开线的衣服。女同学着装要避免无袖、露背、吊带、露脐等性感装束。身上不要带过多的饰品，走路叮叮当当不符合一个职业人士的形象要求，而且挂在背包上的孩子气很浓的绒毛饰物一定要取下来。

2. 化妆修饰适度

常听到有同学问："面试要不要化妆?"确切地说，求职面试，适度的化妆既可以使你的自身形象更好，同时也是对招聘者的尊重。比不修边幅的人来说，它可以使你增加 20%的成功机会。但化妆不等于涂脂抹粉。不恰当的化妆也有可能使你适得其反。

一般来说，化妆修饰要求注意头发、面部、颈部、手臂、腿部等几个方面整洁。妆容应以简洁、大方、亲切、自然为恰到好处。切不可浓妆艳抹或是另类前卫。

不主张男生在求职面试时或在以后的工作中化妆。女生可以化一些淡妆，但不能过浓或过于夸张。男生可以带公文包或大的皮夹，以便随身携带一些个人资料。女生可以带一个手袋或不大的包，但不必太炫目、太昂贵，以免给人一种不像是应聘人员的感觉。

（二）规范的言行举止

【案例欣赏】

小夏参加了一家大公司的招聘会，在技能考核关时，小夏表现十分出色，人事部沈经理看在眼里，喜在心上。可最后沈经理并没有录用小夏，这令很多人感到奇怪。原来，问题就出在最后的面试环节。面试时沈经理端端正正地在会客室坐着，小夏进来后，一屁股坐在椅子上，靠着椅背翘起二郎腿，侃侃而谈。沈经理表面上毫不在意，心里却很不舒服，最终还是决定把小夏淘汰了。

想一想

应从小夏的经历中吸取哪些经验教训？

面试过程，实际上就是求职者和招聘者在特定场合交际的过程，因此，我们的言行举止要符合一般场合的要求，自然、大方、文明、优雅，同时还要注意其环境和目的的特殊性，不可大意。

1. 见面的礼仪

（1） 准时守约。面试时，你要尽可能避免迟到和违约这种不礼貌行为的出现。万一你因客观原因不能如约按时到场，应事先打个电话通知招聘方，主动陈述原因，这是必备的礼仪。当然，你也不能过早地到面试地点，以免影响别人正常的工作秩序。一般来说，面试时，你最好提前 15 分钟左右到达，这样可以先熟悉一下环境，稳定一下情绪，再一次整理好自己的仪表，进一步做好面试前的准备，然后，从容不迫地进入面试场所。免得一到就气喘吁吁，慌里慌张地进面试室。

（2） 以礼相待。招聘单位录取人的标准不仅要看你的学历、工作能力、经验，还要考虑你是否懂得礼仪。因此面试时要注意对人应以礼相待，不仅对主考官恰当地表达礼貌，对其他人也应注意礼貌。

首先，面带微笑。微笑是人际关系的润滑剂。真诚、自然、由衷的微笑可以展现你的风采，能有效地缩短你与招聘者的距离，对面试结果有利。见面时，应主动地微笑着向主考官及工作人员点头，打招呼，礼貌地问候或致谢。

其次，进出有礼。进入，一定要先敲门再进入，即使门是开着或虚掩着，你都要先有节奏地、轻轻地敲门，在获得对方的同意后再进入房间。千万别冒冒失失地直推而入，给人以鲁莽、无礼的印象。

最后，忌过分主动。进入面试房间，当考官已经坐下并对你说“请坐”或示意坐下后，先道谢，然后再按指定的位置落座，坐姿合乎规范。切忌不请自坐，更不要跷起二郎腿不停地摆动。另外，进门后，如果考官向你伸过手来，你要同他热情握手。切忌主动去和考官握手，你可点头微笑表示问候。

2. 应答礼仪

面试时，一般的形式是招聘人员提出问题，求职者回答。整个面试环节的绝大部分是在交谈中度过的。因此，你必须对自己的谈吐加以认真地把握。在应答过程中，要注意相应的原则和礼节规范，务必要使自己的谈吐表现得文明礼貌、言辞标准、语言连贯、内容简洁。

（1） 眼观六路

面试中，与人交谈时保持目光的接触可以表示出你对对方的尊重。因此，在倾听或回答问题时，宜将坚定、自信的目光投向问话者的脸部。当然，这并不是让你目光呆滞地死盯着对方，而是投向问话者的鼻梁处 15 秒左右，然后自然转向其他地方，如对方的手或办公桌的地方，约 30 秒钟左右，再把你的目光转向问话者的鼻梁处，以免让对方感到很不舒服。如果不止一个人在场，你说话的时候要经常用目光扫视一下其他人，以示尊重和平等。

此外，你还要注意观察你回答问题时对方的表现，不要只顾一味地推销自己，唱“独角戏”。如对方心不在焉，可能表示他对你的这段话没有兴趣，你得设法转移话题；侧耳倾听，可能说明你声音过小，对方难以听清；皱眉摆头可能表示你的言语有不妥之处。一旦觉察对方的反应，你就要适时进行语言、语气、语调、音量、内容等的调整。

（2） 耳听八方

面试时，你应该是一个主动积极的聆听者。最优秀的求职者往往不是滔滔不绝地大侃，而是积极地聆听。在听对方说话时，可身体稍微倾向说话者，表示对说话者的重视。同时要适时做出回应，如：不时做出点头或口头语言上以“是”、“对”、“是这么回事”、“我想是的”作为回应，表示自己听明白了，或正在注意听。同时还要面带微笑，当然也不宜笑得太僵硬，要发自内心。但千万别抢着说话，或打断对方的讲话。这是对对方的不尊重，是很不懂礼貌的表现，容易使自己陷于被动。此外，要注意记住对方的名字并正确称呼对方。

（3） 有问必答

面试环节，招聘方会提出一系列的问题让你回答，这是面试的重要组成部分。同时一个用人单位对某一职位的不同应聘者的考核题目可能是相同的，同样的问题，相似的回答早已经让招聘工作人员听得耳朵起茧了。一位公共关系学教授说过这样一句话，“每个人都要像孔雀学习，两分钟就让整个世界记住自己的美。”你要想在众多的应聘者中脱颖而出，就必须善于抓住重点、条理清晰、见解独特地回答招聘人员的每一个问题。切忌答非所问，或不着边际。

（4） 诚实坦率

任何人都不可能是万能的。在面试时，大多数单位很重视应聘者的诚实度，因此，你应当坚持自己的本色和原则，答题之前要尽可能考虑得周到一些，以免使自己陷于被动。在始终处在流动状态的人才市场中，如果为了面试过关而放弃了基本的为人之道，就算是面试过关了，上班后，也难免会被精明的老板“炒”掉。

（5） 注意细节

面试中，你可能会因为紧张而感到手足无措，往往出现一些多余的动作，容易分散注意力，影响自己的形象，甚至会引起招聘人员的反感。如：挤压手指和骨骼而弄出声响；做诸如折纸、转笔之类的小孩游戏；乱摸头发、胡子、耳朵；用手捂嘴说话等。因此，面试中要注意检点自己的举止，避免多余不礼貌的动作。

随身携带笔和笔记本，适时记录一些东西，不仅有助于减轻紧张感避免多余的动作，同时也是对对方的一种尊重，更有助于对于你经验教训的总结。

此外，面试过程，文凭学历、经验履历、形象风度等固然重要，但其中一些小细节小事情却能反映出你的整体综合素质，同样不容忽视。

三、求职面试后续礼仪

面试结束并不意味着求职的结束，也不意味着你可以高枕无忧地等待结果的到来，你还要继续注意面试后的一些礼仪。

（一）感谢

【案例欣赏】

有一个叫史蒂文斯的中年男人在一家公司里当程序员，他已经在这家软件公司里干了8年。然而，就在这一年，公司倒闭了。这时，史蒂文斯的第三个儿子刚刚降生，巨大的经济压力使他喘不过气来。于是，史蒂文斯开始了漫长的找工作生涯。然而一个月过去了，他一无所获。一天，史蒂文斯在报上看到一家软件公司要招聘程序员，待遇非常好。他立刻赶到公司，准备参加应聘。应聘的人数实在太多了，竞争将会异常激烈。经过简单交谈，公司通知他一个星期后参加笔试。在笔试中，史蒂文斯再次轻松过关，剩下的只有两天后的面试了。

然而，在这最后一关中，史蒂文斯没被选项中。不过史蒂文斯并没有怨恨，而是给这家公司写了封信，以表感谢之情。信中这样写道："感谢贵公司花费人力、物力，为我提供了笔试、面试的机会。虽然我落聘了，但通过应聘使我大长见识，获益匪浅。"

那家公司收到回信后，无不为这样的一封信而感动，最后总裁也知道了这件事情。3个月后，新年来临，史蒂文斯收一张精美的新年贺卡，上面写着：尊敬的史蒂文斯先生，如果您愿意，请和我们共度新年，贺卡是他上次应聘的公司寄来的。原来，公司又出现了空缺，他们第一个就想到了史蒂文斯。

史蒂文斯应聘的这家公司就是美国著名的微软公司，而十几年后，史蒂文斯凭着出色的业绩，一直做到了公司的副总裁。

想一想

这件事对你有何启发？

一封简单的感谢信，竟有如此意外收获！当然这可能是极个别的案例，但从中我们可以感受到面试后感谢的重要性，这不仅是礼貌之举，也可能会增加求职成功的可能性。根据调查，十个求职者中有九个没有做这件事。如果你重视它，也许你会有意外的收获。至少它可以让招聘方知道，你是个有良好人际关系技巧的人。有可能为以后的求职创造机会。因此，面试后两天内，你最好给招聘人员打个电话或写封信表示谢意。这点常常被很多人忽略。

一般来说，面试后的感谢方式有以下三种。

1. 传统信件致谢

感谢信要简洁，最好不超过一页。最好用白色的A4纸，字的颜色要求是黑色。在书写方式上有手写和打字两种。打印出来的感谢信较为标准化，表示你熟悉商业环境和动作模式。如果想与众不同，或是想对某位给予你特别帮助的主考官表示感谢，手写则是最好的方式，这个前提是你的字要写得比较正规而好辨认。

感谢信的开头应提及你的姓名及简单情况。然后提及面试时间，并对招聘人员表示感谢。感谢信的中间部分要重申你对该公司、该职位的兴趣，增加些对求职成功有用的事实内容，尽量修正你可能留给招聘人员的不良印象。感谢信的结尾可以表示你对自己的素质能符合公司要求的信心，主动提供更多的材料，或表示能有机会为公司的发展壮大做出贡献。

感谢信要在面试后一两天内发出。

感谢信范例

尊敬的×××先生：

您好！我是7月24日下午到贵公司应聘财务助理的×××。非常感谢您给了我这次面试机会！很高兴认识您，跟您的谈话是一次愉快而收获甚大的经历。

通过这次谈话，我更加深刻地认识到贵公司，尤其是企业文化。据我目前的一些了解，财务能够发挥实质管理作用的公司不多。通过您对贵公司财务中心组织结构的简单介绍，贵公司就是处于为数不多的行列中。同时，贵公司财务轮岗制度为财务工作人员拓宽了职业发展的空间，我深深感受到贵公司先进的人才观——将智慧传递给每个员工；推动企业内的学习，为员工营造内部学习氛围，构建学习型的企业。我非常期待能够在贵公司工作和学习！

再一次感谢您！希望有机会与您再谈。

×××

×年×月×日

2. 电子邮件

如果你以前是通过电子邮件和应聘单位联系，那么在面试结束后，发一封电子感谢信，是既方便又得体的方式。面试回来后你应立即用E-mail发送感谢信，并一定在后面附加说明你的个人信息。

3. 电话感谢

在面试后的一两天之内，不妨给主考官打个电话表示感谢。电话感谢要简短，最好不要超过3分钟，电话里不要询问面试结果。因为这个电话仅仅是为了表现你的礼貌和让对方加深对你的印象而已。打电话的时候，要考虑在合适的时间内打电话。通常在周二～四的上午9:00～11:00和下午3:00～4:00之间比较合适。

（二）查询结果的礼仪

双方约定的时间到了或面试结束之后的两星期左右，如果还没有得到任何回音，就给负责招聘的人打个电话或登门拜访，询问一下面试结果。切记不要过早询问结果，以免引起对方的反感。

打电话询问面试结果，自始至终都要尊重自己的通话对象，待人以礼，表现得有礼有节。说话要简洁明了，同时要选择对方方便的时间，不要在对方工作繁忙时间或休息时间询问结果。

登门拜访必须有约在先。你可以提前通过口头、写信或发电子邮件告知对方。登门时一定要先进行自我介绍。

第二节 职场办公礼仪

一、个人篇

（一）个人着装

在办公室工作，服饰要与之协调，以体现权威、声望和精明强干为宜。对于个人服饰的要求，主要如下：

（1） 男士最适宜穿黑、灰、蓝三色的西服套装领带，但是请注意不要穿印花或大方格的衬衫，不能穿背心、短裤、凉鞋或拖鞋，更不适合赤脚穿鞋。

（2） 对于男士来说，袜子一定要和鞋是一样的颜色，起码是相近的颜色。当然，鞋与裤子的颜色也要相近。

（3） 男士腰间不可以佩带钥匙，手机等杂物。

（4） 女士最好穿西装套裙、连衣裙或长裙，不宜把露、透、短的衣服穿到办公室里去，否则使内衣若隐若现很不雅观。在办公室里工作戴的首饰也不宜过多，走起路来摇来摇去的耳环会分散他人注意力，叮当作响的手镯也不宜戴。

（5） 年轻女孩都喜穿短裙。一般来说，短裙可短至膝盖上 3～6 厘米，但不能短至只有大腿根部到膝盖处的二分之一长。穿短裙子时一定要注意弯腰、下蹲时不要露出内衣。

（6） 中老年女性的短裙一定要长及膝下 3 厘米处左右，一般来说不要穿短至膝盖以上的裙子。

（7） 女士发型不可以太奇怪，禁止染发，手是女人的第二张脸，注意手指甲的卫生，指甲不可以超过 2 厘米，指甲油以淡色为主，干净、简单。男士同样不可以留长指甲涂指甲油，要经常清洗，保持干净。

（8） 无论男女，上班时间应尽量穿着工作服。休闲装、运动装、旅游鞋适合于郊游、室外活动，不适宜于办公室。

（二）个人举止礼仪

在办公室要注意行为举止庄重、自然、大方、有风度，具体应注意以下几点。

（1） 上班应提前 10 分钟左右到办公室，并整理好办公桌，同时注意办公室卫生，扫地、烧水倒茶等。如果有事迟到，可提前电话跟主管人员说明，因病缺勤则应在上班前与公司主管联系并做好请假事宜。

（2） 上班时间内不要做与工作无关的事情，不要在办公室打私人电话，也不要利用办公室电脑玩游戏。

（3） 上班时间因私事需要外出应主动和领导打招呼，告知领导你的去向。

（4） 如果上班时间接到加班通知应积极主动留下加班，确实没办法要跟主管请假。

（5） 没到下班时间不要收拾东西，而应该在下班时间之后再离开公司，离开时要跟同事说一声，如果是最后一个离开，则应在离开前检查门、窗、灯、空调等是否关好再离开。

（6） 不管是在上班还是在下班路上，也要具备公司职员的自觉性，待人有礼，注意环境卫生，遵守交通规则等。

（三）个人办公室习惯

（1） 在办公室里，自己的办公桌应整洁干净，同时主动打扫办公室的卫生，少说话，多做事。

（2） 不要在办公室闲聊或大声喧哗，注意与办公室同事处理好关系。

（3） 不在办公室等公共场所吸烟，女孩子不要在办公室当众化妆，注意个人卫生和个人习惯。

（4） 办公时间不要离开办公桌，不要看书报、吃零食、打瞌睡，同时注意坐姿。

（5） 办公室里对上司和同事们都要讲究礼貌，不能因大家天天见面就将问候省略掉了。“您好”、“早安”、“再会”之类的问候语要经常使用，不厌其烦。同事之间不能称兄弟道弟或乱叫外号，而应以姓名相称。对上司和前辈则可以用“先生”或其职务来称呼，最好不同他们在大庭广众之前开玩笑。

（6） 不要与同事谈论薪水、职务升降或他人隐私。遇到麻烦事，要首先报告给顶头上司，切莫委过或越级上告。

（四）个人工作礼仪

（1） 接受工作指示时记录好要完成的工作要点，并按要求完成。

（2） 正确理解工作指示，若不清楚、不明白，要询问清楚了再去做。

（3） 如需外出应跟主管打招呼，并说明外出的原因及时间等。

（4） 参加会议认真听讲并做好相关的会议记录。

（5） 办公室里接打电话应遵循电话礼仪。

（6） 使用电子邮件应注意礼貌用词，内容简单明了，言简意赅。收到邮件后应及时回复或设置自动回复。

（7） 收发传真时应电话联系沟通，收到传真后应及时回电话告知对方。

二、实践篇

（一）办公室接待礼仪

1. 办公室接待原则

外单位客人到本单位来访，无论是办事、求助，还是合作、调研等，一般都是在办公室内进行。在办公室里接待客人，要注意如下原则：热情接待、耐心细致、规范有序、合理节俭。

除以上原则外，还应注意其他的礼仪。

（1） 早做准备，保持办公室优雅环境。

办公室的环境反映出接待人员的精神面貌和工作作风，代表着单位形象，必须认真布置。当然，也不要豪华阔气。

（2） 工作人员礼貌接待。

客人到来，无论负责哪方面的工作人员，都应衣着整洁，走动轻盈，仪态大方，待人彬彬有礼。在与客人会谈过程中，无关人员应自动退避。至于礼仪、服务人员，应定时敲门而进，倒茶续水，取换毛巾，进行热情服务；但服务不应影响主客双方会谈，要保持现场的安静，服务完毕应轻轻退出。

（3） 准备好有关材料。

客人来访前的准备工作，除了接待场合（办公室或会议室、会客室）精心布置外，还有一项重要任务就是材料的准备，工作人员须心中有数。

【案例链接】

一位客人走进某食品有限公司经理的办公室，陶秘书正在办公桌前打印一份文件，见到客人走进来，他礼貌地问道："您好，请问您有什么事？"当他得知客人要找某个部门办事时，他停下手中的工作，热情地指着一张椅子请客人坐下，然后通过电话帮客人联系好了要找的部门，并目送客人其走出办公室。但事后，陶秘书却受到了经理的批评。

讨论：为什么陶秘书受到经理批评？

（4） 送客

若客人办事已毕要走，一定送别。办公室相关人员也要随之送行。可视情况，决定送至办公室门口或单位大门口。送别时应说些客气话：“欢迎再来。”“欢迎常联系。”“接待不周，请多原谅”等。

（二）商务拜访礼仪

商务拜访礼仪是商务拜访中必须掌握的礼仪规范之一，是决定拜访成功与否的决定性因素之一，是个人素养的集中体现，是公司形象的有效宣传。

拜访是商务交往的一种重要的方法，所以在商务拜访中，我们必须遵循一定的礼仪规范。拜访是商务活动中一件经常性的工作，那么怎样让拜访做得更得体、更具效果，是必须考虑的事情。

1. 商务拜访的类型

（1） 事务性拜访。
（2） 礼节性拜访。

2. 商务拜访前准备

（1） 准备拜访资料，做好对产品和对方的详细了解。
（2） 明确拜访目的，选好沟通的切入点。
（3） 熟悉周边交通，方便安排时间。
（4） 必要的礼品准备。

3. 商务拜访时间礼仪

（1） 拜访时间选择。到私人住宅拜访一般安排在晚上七点半到八点，或者节假日的前夕；到办公室拜访最好安排在星期二到星期五之间。

（2） 拜访前时间预约。拜访前预约是商务拜访最基本的礼貌准则。可以通过电话预约、信件预约的方式预约。

（3） 拜访中时间把握。陌生拜访选择上班的时间，尽量在星期二到星期五之间，拜访控制在 15 分钟到 30 分钟最佳；私人住宅拜访最重要的一点就是避开对方的休息、吃饭时间。一般情况，上午 9～10 点钟，下午 3～4 点钟或晚上 7～8 点钟是最适宜的时间。

（4） 拜访准时。已经预约好的时间，在拜访的时候必须遵守，最好是提前 5 分钟到，也不要早到，更不能随意的更改时间。

4. 商务拜访着装礼仪

商务拜访中个人形象也至关重要，应该根据拜访的对象精心准备自己的着装。商务拜访中穿着必须整齐干净、大方得体，和自己身份相称的职业化的服装。

5. 商务拜访举止礼仪

商务拜访中，一个人的行为举止既体现他的道德修养、文化水平，又能表现出他与别人交往的诚意，更关系到一个人形象的塑造，甚至会影响到企业的形象。粗鲁无礼、矫揉造作的举止，无疑有损于良好的形象。相反，端庄含蓄的行为，给人稳健的印象，热情礼貌，则会使人赏心悦目。所以，在商务拜访中应该使自己成为举止优雅的形象代言人。

（1） 拜访敲门礼仪

敲门是商务拜访中的礼仪细节，敲门是否得当直接关系到拜访的成功与否，更是关系公司形象或者个人素养的不可估量的细节因素。得当的敲门礼仪不仅是对他人的尊重，更是对自己的尊重。

（2） 就座礼仪

就座基本要求：在正式社交场合，要求男性两腿之间可有一拳的距离，女性两腿并拢无空隙。正式场合与人会面时，不可以一开始就靠在椅背上。就座时，一般至少坐满椅子的三分之二，不可坐满椅子，也不要坐在椅子边上过分前倾。

（3） 商务拜访举止礼仪细节注意

随身携带的物品一般按照主人的安排放置为宜，如果是随身携带的公文包，最好不要放在双方交谈的桌子上面；如果是冬天，在交谈之前最好脱去外面的大衣放在指定的位置，如果不清楚可以询问接待人员。当按时到达预约地点，要拜访的人正好会客或正在处理紧急事务而一时不能脱身时，应耐心地等待。即使等候的时间过长，也不要流露出不耐烦的样子。见面之后，热情的问候对方是必须的。对于对方或者对方公司接待送上的茶水，均应该从座位上起身，双手接过来，并表示感谢。

6. 商务拜访交谈礼仪

（1） 控制交谈时间

拜访中，尤其是初次拜访，时间应该控制在 15 分钟到 30 分钟以内；最长的拜访时间，通常也不应该超过两个小时。重要的商务拜访，双方会提前确定拜访的时间以及长度。

（2） 控制交谈内容

商务拜访中交谈的内容应该清晰、简短、明了。

拜访来意：初次和客户见面时，在对方没有接待其他拜访者的情况下，可用简短的话语直接将此次拜访的目的向对方说明。

（3） 控制交谈范围

交谈中要集中于正题，少说或不说废话。要认真聆听对方讲话，并注意对方情绪的变化，适时而恰当地应对，不要用争辩和补充说明打断对方的话。

7. 商务拜访道别礼仪

商务拜访必须做到善始善终，应该把握以下几点。

（1） 告别适时：按照预约的时间准时离开，或者提前五分钟最好。

（2） 道别全面：要对拜访中交谈的所有人道别。

（3） 礼貌周到：起身告辞时，要向主人表示“打扰”之歉意。出门后，回身主动伸手与主人握别，说“请留步”。待主人留步后，走几步再回首挥手致意。

【案例链接】

小李是一名刚大学毕业，被分配到某公司做业务员。今天准备去拜访该公司的王经理，由于事先没有王经理的电话，所以他没有预约就直接去了公司。小李选择了一身休闲运动打扮。到达王经理办公室时，刚好王经理在打电话，就示意他先在旁边等候。此时，小李往沙发上一靠，拿起旁边的报纸翘起二郎腿一边看，一边等。

讨论：请问小李这次拜访的成功率高吗？如果不高，请指出他失礼的地方？

（三）商务会面礼仪

会面，通常是指在较为正式的场合与别人相见。在日常工作中，商务人员往往需要会见各式各样的客人。在会见他人时，尤其是当商务人员以主人的身份在工作岗位上会见正式来访的客人时，既要对对方热情、友好，又要讲究基本的会面礼节，在工作岗位上，会见客人的礼节甚多。对一般的商务人员而言，称呼、问候、介绍、握手、座次、合影等，当属必须掌握的最基本的会面礼节。

1. 称呼

称呼，一般是指人们在交往应酬中彼此之间所采用的称谓语。选择正确的、适当的称呼，既反映着自身的教养，又体现着对他人的重视程度，有时甚至还体现着双方关系所发展到的具体程度。

商务人员在正式场合所使用的称呼，有以下 5 种方式。

（1） 称呼正规。

在工作岗位上，人们所使用的称呼自有其特殊性。下述正规的五种称呼方式，是可以广泛采用的。

① 称呼行政职务。在人际交往中，尤其是在对外界的交往中，此类称呼最为常用。意在表示交往双方身份有别。

② 称呼技术职称。对于具有技术职称者，特别是具有高、中级技术职称者，在工作中可直称其技术职称，以示对其敬意有加。

③ 称呼职业名称。一般来说，直接称呼被称呼者的职业名称，往往都是可行的。

④ 称呼通行尊称。通行尊称，也称为泛尊称，它通常适用于各类被称呼者。诸如“同志”、“先生”等，都属于通行尊称。不过，其具体适用对象也存在差别。

⑤ 称呼对方姓名。称呼同事、熟人，可以直接称呼其姓名，以示关系亲近。但对尊长、外人，显然不可如此。

2. 问候

在有必要问候他人时，商务人员主要需要在问候的次序、问候的态度、问候的内容等三个方面加以注意。

① 问候次序。在正式会面时，宾主之间的问候，在具体的次序上有一定的讲究。

- 一个人问候另一个人。一个人与另外一个人之间的问候，通常应为“位低者先行”，即双方之间身份较低者首先问候身份较高者，才是适当的。
- 一个人问候多人。一个人有必要问候多个人时，既可以笼统地加以问候，也可以逐个加以问候。当一个人逐一问候许多人时，既可以由“尊”而“卑”、由长而幼地依次而行，也可以由近而远地依次而行。

② 问候态度。问候是敬意的一种表现。当问候他人时，在具体态度上需要注意四点：

- 主动；
- 热情；
- 自然；
- 专注。

（3） 问候内容。问候他人，在具体内容上大致有两种形式，它们各有自己适用的不同范围。

① 直接式。所谓直接式问候，就是直截了当地以问好作为问候的主要内容。它适用于正式的人际交往，尤其是宾主双方初次相见。

② 间接式。所谓间接式问候，就是以某些约定俗语成的问候语，或者在当时条件下可以引起的话题，诸如“忙什么呢”、“您去哪里”，来替代直接式问好。它主要适用于非正式交往，尤其是经常见面的熟人之间。

3. 介绍

在人际交往中，特别是指人与人之间的初次交往中，介绍是一种最基本、最常规的沟通方式，同时也是人与人之间相互沟通的出发点。

在日常工作与生活里，商务人员所应掌握的介绍主要有如下三种形式。

（1） 介绍自己。介绍自己，俗称自我介绍，它指的是由本人担任介绍人，自己把自己介绍给别人。商务人员在介绍自己时，通常有如下三点注意事项：①内容要真实；②时间要简短；③形式要标准。

（2） 介绍他人。介绍他人，亦称第三者介绍，它是指经第三者为彼此之间互不相识的双方所进行的介绍。

从礼仪上来讲，介绍他人时，最重要的是被介绍的双方的先后顺序。也就是说，在介绍他人时，介绍者具体应当先介绍谁、后介绍谁，须十分注意。

标准的做法是：在办公场合，遵循“尊者有优先了解权”，即先要具体分析一下被介绍双方的身份高低，应首先介绍身份低者，然后介绍身份高者。在社交场合遵循“女士优先原则”。

（3） 介绍集体。

- 单向式。当被介绍的双方一方为一个人，另一方为由多个人组成的集体时，往往可以只把个人介绍给集体，而不必再向个人介绍集体。
- 双向式。被介绍的双方皆为一个由多人所组成的集体。在进行具体介绍时，双方的全体人员均应被正式介绍。它的常规做法，是应由主方负责人首先出面，依照主方在场者具体职务的高低，自高而低地依次对其进行介绍。然后再由客方负责人出面，依照客方在场者具体职务的高低，自高而低地依次进行介绍。

4. 握手

在见面与告别时，人们通常都会握手行礼。在国内外交往中，握手都是最为通行的会见礼节。商务人员学习和掌握握手礼，主要应当从握手的方式、伸手的先后、相握的禁忌等三个方面加以注意。

5. 座次

会见客人时，中国人的传统讲究是：“坐，请座，请上座；茶，上茶，上好茶。”商务人员在会客时，对于让座的问题应予以重视。

具体而言，商务人员在会见时让座于人有两点注意事项。一方面，必须遵守有关的惯例；另一方面，则必须讲究主随客便。从总体上讲，会客时商务人员通常应当恭请来宾就座于上座。会见时的座次安排，大致有如下五种方式。

- 相对式
- 并列式
- 居中式
- 主席式
- 自由式

6. 合影

一次较为正式的会面，宾主双方往往需要合影留念。在涉外交往之中，对此尤其比较讲究。处理合影的问题，通常要求关注下述两个重点问题。

① 合影准备。凡预备正式进行的合影，具体负责操办此事的商务人员应认真地有所准备。进行准备工作时，须特别关注以下细节。

- 主随客便。在合影前，主方宜征求来宾意见，切勿勉强从事。有些外国人士出于宗教方面或其他方面的原因，往往忌讳拍照，因而他们对合影多有抵触情绪。
- 提供照片。合影之后，主方宜向参与合影的各方人士主动提供照片，并保证人手一张。
- 布置场所。正式的合影，均应先期选择好场地，并进行认真的布置。临时凑合，往往欠妥。
- 备好器材。拍照时需用的一切器材，均应提前备好、备足，以防在合影时发现短缺，令人措手不及。
- 确定时间。正规的合影，在必要时要向所有参加者通报具体的时间，使对方有所准备。
- 忌讳他用。公务合影的照片，只宜作为资料或纪念。一般不宜用于商务活动，也不得随便发表。

② 合影排位。

正式的合影，既可以排列位次，也可以不排列位次。需要排列具体位次时，应首先考虑到方便拍摄与否。与此同时，还应兼顾场地的大小、人数的多少、身材的高矮、内宾或外宾等等。

正式合影的人数，一般宜少不宜多。在合影时，宾主一般均应站立。必要时，可安排前排人员就座，后排人员则可梯级站立。但是，通常不宜要求合影的参加者蹲着参加拍照。

合影时，若安排其参加者就座，应先期在座位上贴上便于辨认的名签。

具体涉及合影的排位问题，关键是要知道内外有别。

- 国内合影的排位。国内合影时的排位，一般讲究居前为上、居中为上和居左为上。具体来看，又有单数与双数之别。通常，合影时主方人员居右，客方人员居左。

- 涉外合影的排位。在涉外场合合影时，应遵守国际惯例，应主人居中，主宾居右，令双方人员分主左宾右依次排开。简言之，就是讲究以右为上。

【案例链接】

1995 年 3 月在丹麦哥本哈根召开联合国社会发展世界首脑会议，出席会议的有近百位国家元首和政府首脑。3 月 11 日，与会的各国元首与政府首脑合影。照常规，应该按礼宾次序名单安排好每位元首、政府首脑所站的位置。首先，这个名单怎么排，究竟根据什么原则排列？哪位元首、政府首脑排在最前？哪位元首、政府首脑排在最后？这项工作实际上很难做。丹麦和联合国的礼宾官员只好把丹麦首脑（东道国主人）、联合国秘书长、法国总统以及中国、德国总理等安排在第一排，而对其他国家领导人，就任其自便了。好事者事后向联合国礼宾官员“请教”，答道：“这是丹麦礼宾官员安排的。”向丹麦礼宾官员核对，回答说：“根据丹麦、联合国双方协议，该项活动由联合国礼宾官员负责。”

讨论：为什么联合国和丹麦的礼宾官员都没有正面回答记者的问题？

第三节 职场商业活动礼仪

一、迎宾与送别

公务、经济活动有大量的接待工作，迎宾与送别是其中十分重要的环节。做好了迎宾与送别就能令来宾感受到东道主的热情礼遇，为双方的交往营造一个和谐友好的氛围。为此，接待人员学习和掌握迎宾与送别的基本礼仪是必不可少的。

（一）迎宾礼仪

迎宾的主要目的就是通过给予来宾恰如其分的礼遇，充分表达东道主的热情欢迎之意，让来宾产生回家的感觉，从而为双方下一步的合作形成良好的开端。

1. 迎宾的筹备

（1） 熟悉迎宾职责
（2） 制定迎宾计划
（3） 确定迎宾规格
（4） 挑选迎宾人员
（5） 确定迎宾时间
（6） 选择迎宾地点

2. 迎宾活动的实施

（1） 热情迎宾
（2） 陪同来宾
（3） 安置来宾休息
（4） 宴请来宾

（二）送别礼仪

如果说迎宾是拉开了接待工作的序幕，那么送别过程就是落幕。接待工作是否完美，做好送别必不可少。因此接待人员必须重视送别，掌握送别的相关礼仪，把送别工作的方方面面落到实处。

1. 送别的筹备

送别与迎宾的一些具体环节是相同的，要遵守的礼仪也是一样的，而且由于主客双方共同相处了一段时光，相互较为熟悉，送别就比迎宾略为简单了。但接待人员千万不要对送别工作掉以轻心，马虎应对，否则一个失误就会酿成难以挽回的苦果，从而导致整个接待工作前功尽弃。为此，要对送别工作做认真的准备。主要注意以下三点：

（1） 确定送别的时间。
（2） 确定送别的地点。
（3） 确定送别的规格。

2. 送别的实施

在送别的环节上，要突出“准时”、“细心”、“热情”六个字。第一是准时。送别的人员必须适当提前到达送别地点，不得迟到、不到。第二是细心。送别的人员要主动帮来宾提拿行李和办理离去的相干手续，尤其要提醒不要遗留物品，还要采取相应措施防止来宾的钱物被盗；要问候来宾的身体状况，必要时提供一定的治疗和药品。第三是热情。在离别时，送别人员一定要与来宾一一握手道别，预祝其旅途愉快，欢迎再来访问。当来宾所乘交通工具启动离去时，送别人员要挥手致意。待来宾离去后，送别人员方可离开。

二、谈判礼仪

谈判常见于公务活动和经济活动。在谈判中，双方或多方为达成共识，形成协议而进行讨论、辩论和协商，寻求各自利益和共同利益的平衡点。可以这样说，谈判的过程就是双方的交锋过程。谈判能否成功，与谈判者的素质密切相关。因此，谈判人员必须学习和掌握谈判的礼仪。

（一）谈判准备过程的礼仪

1. 谈判时间

谈判是双方或多方展开的时效性很强和非常严肃的活动。选择好谈判时间十分重要。

（1） 要守信准时。

（2） 要合适择时。

2. 谈判地点的选择

谈判地点的确定往往涉及谈判环境的好坏，直接对谈判人员的心理素质产生影响。有利的谈判地点能增加己方的谈判地位和谈判实力。因此，要尽量争取当谈判的东道主，这是最优的选择。如果双方或多方对谈判地点有分歧，则可选择各方轮流作“东”的方式，以示公允。

3. 谈判环境的选择

良好的谈判环境会令谈判人员精力充沛、全神贯注、思维活跃，有利于谈判的成功。良好的谈判环境应做到 5 点：①光线柔和，不刺目，不阴暗；②保持安静，周边不能有噪音；③温度适中，不热不冷，空气清新；④色彩和谐，空间宽阔；⑤洁净庄重，简单舒适。

4. 谈判座位安排的选择

（1） 双方谈判座位的安排。

一般应选择使用长形的谈判桌。双方的主谈者居中坐在平等而相对的位置上，其他人员分两侧落座，体现谈判的正规、尊重、平等、礼貌，必要时还可在桌子的相应位置上放上姓名的标志牌，便于双方认识。

（2） 多方谈判座位的安排。

一般应选择使用圆形或椭圆形的谈判桌，分段设置座位，各方主谈者应围坐在前排相应的位置上，其他人员则围绕各自的主谈者在两侧或身后就座。

5. 谈判穿着的选择

谈判是十分严肃正规的。仪表整洁，衣着整齐的谈判者能给对方留下良好的印象，增加认同感；反之就会给对方邋遢的感觉，形成抵触感。因此，谈判者务必重视服饰的选择，保持良好的仪容仪表。

（1） 女士穿着的选择。

女士着装应选西服套裙（套装），避免过紧、过露、过短、过多饰物，配上颜色相衬的长筒或连裤式丝袜和黑色高跟鞋或半高跟皮鞋。

（2） 男士穿着的选择。

男士着装应选西服打领带，一般以深色为主，避免有格子或色彩鲜艳，领带的颜色和衬衣、西服颜色配套，长短适中，还要配上颜色协调的袜子、皮鞋，皮鞋一定要保持光亮整洁。

（二）谈判进行中的礼仪

正式谈判时，谈判者尤其是主谈者的临场发挥、言行举止往往影响到谈判的进程乃至结果。为此，谈判者除了把握原则、策略外还要掌握谈判的礼仪。

1. 谈判开始时的礼仪

双方谈判人员的第一印象十分重要。文明礼貌的言行举止往往能在一定程度上消除对方的戒备心理，增进沟通和理解。

（1） 握手致意。谈判开始时，谈判人员要主动和对方握手，以示友好和尊重。一般情况下，主人应向客人先伸出手，以表示欢迎。握手的顺序是按级别自高至低依次进行，不分男女。握手时应友好地注视对方眼睛并微笑致意，切忌左顾右盼，心不在焉。

（2） 介绍顺序。一般由双方或多方主谈人或主要负责人依照级别从高到低相互介绍各自的谈判人员。如果是一方代表同时介绍双方或多方的谈判人员，应先介绍他方。被介绍者要向大家点头致意，不要东张西望。

（3） 交换名片。向对方人员递名片时，应微笑站立，双眼注视对方，用双手拇指和食指夹住名片正面上端的两角递给对方并自我介绍。接受他人名片时，应起身致意，面带微笑，用双手拇指和食指接住名片下方两角并点头致意，认真看一下后再放进上衣口袋或名片盒（夹）中保管，切忌乱丢乱放。

（4） 坐姿。在谈判过程中，坐姿应是挺胸抬头，双腿并拢自然放在地上。切忌弯腰、躺靠、斜身、抖腿、跷腿、双手摆弄东西等。

2. 谈判进行时的礼仪

谈判工作的展开是谈判过程的核心环节。从礼仪上主要体现为两个方面。

（1） 文明协商。在谈判中，由于双方或多方的利益和目的有所不同，出现分歧、矛盾、争辩是不可避免的。因此，为了达到互赢互利，形成共识，谈判人员既要坚持原则，以积极的态度进行商讨，又要灵活应对，用适当方式缓和气氛。无论结果怎样，文明协商是必不可少的。

① 实事求是，坦诚相见。谈判人员要以真诚的态度，恳切而文明的语言陈述己方观点，争取对方的理解、共鸣，切忌空洞、晦涩。

② 戒骄戒躁，心平气和。谈判人员要本着求同存异，力求共赢的原则，互谅互让，冷静平等地讨论问题，解决分歧。

③ 善于倾听，友好辩论。以礼貌的态度倾听对方的发言，以示尊重并了解其目的，并准备提问或解答；提问的方式应委婉，语气应亲切，用词应考究；解答时态度要诚恳，用词要洽当；辩论时要把双方或多方的共同利益放在首位，相互尊重，相互理解，就事论事，冷静相对，切忌急躁冲动、得理不让人。

（3） 言行礼貌。言辞美和举止美是礼仪的重要组成部分。在谈判中要注意谈话的礼仪。要多用敬辞、尊称称呼对方，要使用清晰易懂的语言，一般应使用普通话，不用方言或俗语；用词要准确、严谨。要避免使用挖苦讽刺，伤人好斗，夸大其词、武断固执、啰嗦冗长、纠缠不休的语言。无论出现什么情况，谈判者都要体现绅士的风度。一般情况下不要在对方发言时插话，更不要打断对方的发言；不要拍台打凳；不要擅自离场；不要搞小动作；不要指手画脚。

3. 谈判结束时的礼仪

谈判的结果不外乎有三种：一是成功。双方或多方达成一致，互赢互利，签订协议；二是继续。谈判有进展，但主要分歧仍在，需要大家继续准备再谈下去；三是破裂。分歧巨大，无法一致，也没必要继续谈下去。无论结果是哪一种都是正常的。成功，理所当然皆大欢喜，但履行协议仍任重道远，不应盲目乐观；继续，预示着还有希望，应认真总结，精心备战，争取下一轮取得成功；破裂，也大可不必悲观绝望或动怒失态。俗语说“买卖不成和气在”，“以和为贵”，谈判的双方或多方不要只顾眼前利益而要站得高，看得远，广交朋友，拓宽合作领域，况且这个项目谈不成不等于大家在其他方面没有合作的机会。只要大家坦诚相对，以礼相待，今后合作的前景是美好的。为此，谈判人员要讲究谈判结束时的礼仪。作为东道主要主动上前与对方握手言别，客方也要热情站立答礼。如谈判成功，双方或多方应相互道贺，表示认真履行协议的愿望和决心；如谈判要择日继续，双方或多方应相互鼓劲，表明有信心、有能力在下个回合谈判中取得成功。如谈判破裂，双方或多方也应握手话别，相互致意，以显风度，为今后的合作打下基础。

三、会务礼仪

商务人员在日常交往中所必不可少的一件事情，就是要组织会议、领导会议或者参加会议，因此会议自然而然地成为商务活动的有机组成部分之一。

案例

一天，小张接到公司电话要到广州参加服装订货会。在出差之前，公司对小张说了一些相关的注意事项：参加会议时，需穿着商务西服、黑色皮鞋；携带邀请函入场；但不能携带摄像机之类的物品进入会场等。

思考：请问小张参加的是什么类型会议，为什么会有这么多要求？

会议，又称集会或聚会。在现代社会里，它是人们从事各类有组织的活动的一种重要方式。在一般情况下，会议是指有领导、有组织地使人们聚集在一起，对某些议题进行商议或讨论的集会。

在商务活动中，不同的会议发挥着不同的作用。依照会议的具体性质来划分，大致可以分为如下四种类型。

其一、行政型会议。它是各个单位所召开的工作性、执行性的会议。例如，行政会、董事会等。

属于：公司高层领导人员的决策会议。

其二、业务型会议。它是有关单位所召开的专业性、技术性会议。例如，展览会、供货会等。

属于：研究及订货会。

其三、群体型会议。它是各单位内部的群众团体或群众组织所召开的非行政性或非业务性的会议，旨在争取群体权利，反映群体意愿。例如，职代会、团代会等。

其四、社交型会议。它是商界各单位以扩大本单位的交际面为目的而举行的会议。例如，茶话会、联欢会等。

一般而论，以上四种类型的会议，除群体型会议之外，均与商界各单位的经营、管理直接相关，因此世人称之为商务会议。在商务交往中，商务会议发挥着极其重要的作用：其一，它是实现决策民主化、科学化的必要手段；其二，它是实施有效领导、有效管理、有效经营的重要工具；其三，它是贯彻决策、下达任务、沟通信息、协调行动的有效方法；其四，它是保持接触、建立联络、结交朋友的基本途径。

在许多情况下，商务人员往往需要亲自办会。所谓办会，指的是从事会务工作，即负责从会议的筹备直至其结束、善后的一系列具体事项。会务礼仪，主要就是有关办会的礼仪规范，如商务人员的衣着得体、有组织有策划、各领导座位安排等。

商务人员在负责办会时，必须注意两点：一是办会要认真。奉命办会，就要全力投入，谨慎对待，精心安排，务必开好会议，并为此而处处一丝不苟；二是办会要务实。召开会议，重在解决实际问题。在这一前提下，要争取少开会、开短会，严格控制会议的数量与规模，彻底改善会风。

思 考 题

（1） 什么是会议？
（2） 商界的会议大致可以分为几种类型？
（3） 组织会议时需注意哪些？

四、其他职场礼仪

（一）仪式礼仪

1. 签字仪式

国家（团体、组织）间通过谈判，就政治、军事、经济、科技文化等某一领域内的相互关系达成协议、缔结条约时，一般都举行签字仪式。

（1） 签字仪式的准备。安排签字仪式，首先应做好文本的准备工作，其次要确定签字仪式的参加人员，再就是布置好签字仪式的会场和准备好签字用具、国旗等物品。

（2） 签字仪式的程序。

参加仪式的人员进入签字厅后，签字人入座，其他人员应分主客双方按身份顺序依次排列于各自的签字人员座位之后。签约者的身份、职位，应双方对等。过高或过低都会造成不必要的误会。双方的助签人员分别站立在各自的签字人员的外侧，协助翻揭文本，指明签字处。签字人在己方保存的文本上签毕，由助签人员互相传递文本，再在对方保存的文本上签字，然后由双方签字人交换文本，互相握手。有时签字后，备有香槟酒，共同举杯庆贺。要注意，碰杯要轻，浅抿一口即可。也不能大声喧哗，举止要文雅有风度。

2. 剪彩仪式

【读一读】

在美国的一个乡间小镇上，有家商店的商主慧眼独具，从一次偶然发生的事故中得到启迪，以它为模式开一代风气之先，为商家独创立了一种崭新的庆贺仪式——剪彩仪式。当时，这家商店即将开业，店主为了阻止闻讯之后蜂拥而至的顾客在正式营业前耐不住性子，急先恐后地闯入店内，将用以优惠顾客的便宜货争购一空。而使守时而来的人们得不到公平的待遇，便随便找来一条布带子拴在门框上。谁曾料到这项临时性的措施竟然更加激发起了挤在店门之外的人们的好奇心，促使他们更想早一点进入店内，对将出售的商品先睹为快。事也凑巧，正当店门之外的人们的好奇心上升到极点，显得有些迫不急待的时候，店主的小女儿牵着一条小狗突然从店里跑了出来，那条“不谙世事”的可爱小狗若无其事地将拴在店门上的布带子碰落在地。店外不明真相的人们误以为这是该店为了开张志喜所搞的“新把戏”，于是立即一拥而入，大肆抢购。让店主转怒为喜的是，他的这家小店在开业之日的生意居然红火得令人难以设想。向来有些迷信的他便追根溯源地对此进行了一番“反思”，最后他认定，自己的好运气全是由那条被小女儿的小狗碰落在地的布带子所带来的。因此，此后在他旗下的几家“连锁店”陆续开业时，他便将错就错地如法加以炮制。久而久之，他的小女儿和小狗无意之中的“发明创造”，经过他和后人不断“提炼升华”，逐渐成为一整套的仪式。它先是全美，后是在全世界广为流传开来。在流传的过程中，它自己也被人们赋与了一个极其响亮的鼎鼎大名——剪彩。

（1） 剪彩仪式的准备。剪彩仪式可以单独举行，也可以在开业庆典中进行，是整个庆典仪式的高潮。

（2） 剪彩用物的准备。

① 一般使用两米左右的红带与彩球结成的红色的缎带、绸带。

② 选用新的、金色的剪刀。

③ 托盘、剪刀、彩球的数量应与剪彩人数一致。托盘用红绒布衬垫。

（3） 剪彩人员的确定。剪彩人员主要在应邀的来宾中产生。一般为上级领导、部门主管、社会名流以及专家顾问、合作伙伴和本单位代表。

（4） 礼仪小姐的选定。礼仪小姐可在公关、旅游及礼仪公司中聘请，或向社会招募，也可在本单位女职工中挑选。一般是仪容仪表较好，仪态端庄大方，有一定的文化素养和气质的年轻人。

（5） 剪彩仪式的程序。在开店庆典中的剪彩仪式，只是整个庆典中的一个组成部分。如果是单独举办剪彩仪式，一般应有以下程序。

① 嘉宾入场。剪彩仪式的开始前 5 分钟，嘉宾应在礼仪小姐的引领下集体入场。一般来说，嘉宾中的剪彩者应前排就坐，座位上应事先放好席卡。中央级的来宾只写“首长”，其他人可直接写姓名。

② 礼仪开始。由企业主要负责人宣布仪式开始，奏乐、鸣炮，然后介绍到场的嘉宾对他们的到来表示感谢。

③ 宾主讲话。由主办单位代表、上级主管部门、合作单位代表以及社会知名人士先后发言，讲话内容应具介绍性、鼓动性、祝贺性，做到短小精干、言简意赅。

④ 进行剪彩。礼仪小姐在欢乐的乐曲声中登场，引领剪彩者按主办单位的安排站立在确定的位置，这时拉彩者拉起红绸及彩球。在剪彩者剪断红绸、彩球落盘时，全体人员热烈地鼓掌。

⑤ 后续活动。剪彩过程结束，主办单位可以安排一些文艺、参观、联谊、座谈、签名、题词、就餐等后续活动。具体做法可因剪彩内容而定，最后可以向来宾赠送一些纪念性礼品，热情欢送他们离去。

（6） 剪彩仪式的礼仪。剪彩仪式中，剪彩者和仪式上的礼仪小姐是最突出的人物，剪彩仪式的礼仪也是主要通过他们表现出来的。

① 对剪彩者的礼仪要求。

剪彩者是剪彩仪式的主角，由于他们的特殊身份，更易于被人们和媒体关注。他们在仪式上的举止行为，要特别注意做到符合礼仪规范。主要表现有：第一、修饰自己的仪表着装。第二、注意剪彩中的举止行为。第三、尊重主办单位，协助配合仪式进程。

② 对礼仪小姐的要求。

剪彩仪式上通常都有礼仪小姐参加，她们承担着装点仪式，具体参与仪式的服务等重任，在仪式上虽说是配角，但却体现着企业的形象和员工的素质，礼仪在她们身上显得尤其重要。

首先是仪容要高雅。其次是举止行为要规范。尤其应注意做到的是，始终保持应有的微笑。

3. 庆典仪式

庆典是举行重大活动时最初的隆重仪式，如大型商贸会、国际展销会、产品发布会等都有较隆重的开幕式。国际上开幕式包括各种展览会，如经济建设成就展览会、商业性博览会、文化艺术博览会、大型的运动会、电影节、艺术节等。

（1） 邀请出席人员范围

庆典活动通常由经办一方的负责人员主持。如东道主主办则由东道主方面主持，邀请有关单位的代表团领导参加；或由展览团方面主持，邀请东道主有关官员出席。重大的展览会、开幕式或重要的工程落成典礼的庆典活动，东道主领导人往往需出席，庆典活动除双方人员参加外，酌情邀请有关单位领导、嘉宾和新闻媒介记者参加。

（2） 庆典仪式的程序及具体内容

隆重的庆典式，会场上悬挂参加国的国旗（或会旗），会场布置得喜庆、热烈。

① 主持人宣布开始。

② 奏乐：奏国歌，或会歌，或活动主题歌或与会场气氛相应的乐曲（较隆重的还鸣放礼炮）。

③ 剪彩：请××为××剪彩。

④ 致辞：分主方致辞、主宾致辞、与会代表致辞。宣读有关方面、有关人士的贺信、贺电等。

⑤ 礼成：摄影留念、签字、赠送纪念品，或观看文艺演出、出席宴会或邀请来宾参观等。

（3） 对庆典仪式的组织者来说，整个仪式过程都是礼待宾客的过程，应特别注意礼貌周全。一般应提前或专门恭送请帖。对主宾和地位较高的嘉宾、远道而来的宾客更应关怀备至。要以礼宾次序安排席位，对所有的来宾都应热情接待。不应在纪念品、礼品上分档次划等级，要兼顾全体来宾，不能厚此薄彼。

第四节　职场沟通礼仪

一、与上司相处的礼仪

（一）与上司相处的的原则

1.　了解你的上司

要想与上司搭配无间，合作愉快，首先是了解你的上司。上司与你的关系，首先就是一种领导与被领导的关系。作为下属，你必须尊重他，同时服从他的领导与指挥。你不能期待你的上司是万能的，你要做到：在完成工作的同时，要对他“察言观色”，也就是说要留意上司的脾气、秉性、喜怒哀乐。我们只有在了解上司的风格之后，才能做到有效辅佐上司。

2.　欣赏你的上司

一个人能够进入管理阶层，自然有他过人之处，因此，作为他的下属，应该欣赏上司，善于发现上司的优点，并与上司配合工作。这不仅仅是下属的份内之事，也是自我实现的需要。多向上司请教，虚心向上司学习，在工作上甚至工作之余，常和上司保持联络，这些做法都会使上司认为你是一个真心钦佩、虚心学习、很有发展前途的人。

3.　避免锋芒毕露

为了得到上司的赏识而拼命表现自己，使得自己锋芒毕露，常常比上司还要引人注目，这样做的后果往往适得其反，只会让上司产生反感甚至是提防。毕竟作为下属的你与上司并不是竞争的关系，而是上下级之间的管理和支持的关系。

4.　争取机会与上司交流

不少人认为，对上司要敬而远之。事实上，这是一个误区。下属应该尽量争取机会与上司交流，让上司熟悉自己、了解自己。而且，上司一般会认为只有那些没有信心或软弱的下属才不敢与其接触，对于一个没有自信的下属，上司怎么会把重要的工作交给他？当然我们也不能做一个过分自信，绝不向上司低头的下属。同时，我们也要知道哪些事情能够引起上司的兴趣，哪些是上司欣赏或赞同的事物。

5.　为你的上司留足颜面

作为下属，在任何情况下都应该为上司留颜面，特别是当上司出现错误时，怎样指出上司的错误讲究技巧。直接指责上司，或下结论说这个决定是错的，都会让上司不满。用利弊得失的方法分析上司的决定，委婉地提醒上司才是明智的做法。如果上司还是坚持自己的决定，你还是要按照上司的指令执行。在执行的过程中尽量将损失降到最低。

6. 不要与上司抢功劳

每个人都有表现的欲望，特别是在取得成绩的时候，都会忍不住飘飘然，想要自吹自擂一番。作为下属，一定要克制这种念头，不要独占功劳。特别是当同事夸奖你的时候，要谦虚地说，因为上司领导有方，我们才能取得成功。

（二）如何应对不同类型的上司

每个上司都有自己的管理风格，在工作过程中，上司的管理风格可分为：专制型、民主型、放任型。

不同类型上司的应对策略

上司类型	表现特点	应对策略
专制型	要求下属绝对服从，在工作中雷厉风行的发号施令，不会征求下属的想法	服从第一，少提意见，按上司的要求 100%的完成工作
民主型	注重集体的智慧，喜欢询问下属的想法，鼓励下属参与管理	勤思考，善于表达自己的想法，表现出主动的合作意愿
放任型	给下属设定目标，放手让下属发挥，只在必要时才提供意见或帮助	下属全盘考虑工作，主动积极开展，要有决策、判断和组织能力

（三）与上司相处的 4 个实用技巧

场景一、接受指示：田中正在自己的坐位上工作时，上司突然说："田中先生，请过来一下。"好像是要分配什么工作。

场景二、汇报工作：上司布置给田中任务。田中想，这正是显示自己能力的好机会，应该努力完成工作，然后向上司汇报。

场景三、接受批评：有时领导交给你的工作，你没有完成或没有做好。上司把你叫到办公室，严厉地批评了你。

场景四、商谈：布置给你的工作出了问题，你想不出好的办法。决定找上司商谈一下。

二、与同事相处的礼仪

同事是与自己一起工作的人，与同事相处得如何，直接关系到自己的工作、事业的进步与发展。如果同事之间关系融洽、和谐，人们就会感到心情愉快，有利于工作的顺利进行，从而促进事业的发展。反之，同事关系紧张，相互拆台，经常发生磨擦，就会影响正常的工作和生活，阻碍事业的正常发展。

（一）同事之间的相处之道

1. 微笑面对每个人

微笑的作用无可估量。首先，它是拨开“陌生面纱”的法宝，即使是一位叫不上名字的同事，微笑也能立即拉近你们的距离；其次，它是欢迎新同事的最好“见面礼”.除此之外，微笑还是“通行证”，可让你在寻求帮助时顺畅通达；最后，微笑还是你的职场“标签”，人们一想到你，就会同时联想到你常挂在脸上的美好笑容。

2. 关注别人的工作

在职场上，“关注”的同义词是“重视”。当你用心倾听别人的工作状况及甘苦时，你的眼睛和神情也传递了这样的信息：对方的一切并非无人问津，至少还有你在默默地关心、同情着他或她。

3. 适时适当地伸出援手

你的一句补充，可能让别人看似漏洞很大的计划立刻完美起来；你的一个表态，可能为孤立无援者引来更多支持；你的一点提示，可能让有的人茅塞顿开……总之，在客观、公正的基础上，你的援助之手会拨开云层，让你与他人从普通同事一跃成为亲密战友。

4. 帮助别人不求即时回报

在能力范围内，主动帮助同事是累积人际资源的双赢方法。有位做企业的人士说得好：“欠我的人愈多，日后帮我的人也愈多。”如果在一个工作环境中，大多数人都愿意帮你，愿为你扫平障碍，你的前景必定光明。

5. 留出时间做工作外交流

工作再忙，你总要休息和放松吧？就利用这几分钟的时间，跟同事谈谈工作以外的话题，增进感情，交流信息。别小看这短时间内的能量，日积月累，滴水穿石，就像一座宏伟建筑的基石一样，虽然看不见，却会在暗中稳固地支撑着你，让你立于不败之地。

（二）同事交往的禁忌

1. 不要拉帮结派

同事间由于性格、爱好、年龄等因素的差别，交往频率难免有差异，但绝不能以个人的好恶划界限。在公司里面拉帮结派，排斥异己会破坏同事间团结合作的关系，导致同事间相处紧张；也不要因为趣味相投而结成一派，形成小圈子，这样容易引发圈外人的对立情绪。一位正直无私的人，待人处事定要一视同仁，不要将自己置于无谓的人际纠葛纷争之中。

2. 不要满腹牢骚

在工作中，特别是在同事面前不要乱发牢骚，应该保持高昂的情绪状态，即使遇到挫折、饱受委屈、得不到领导的信任，也不要牢骚满腹、怨气冲天。这样做的结果，只会适得其反。要么招同事嫌，要么被同事瞧不起。

3. 不要过分表现

当今社会，充分发挥自己，充分的表现出自己的才能和优势是没错的，但是，表现自己必须分场合、形式，如果过于表现，使人看上去矫揉造作，会引起旁观人的反感。

【案例链接】

李娜是一家大公司的高级职员，平时工作积极主动，表现很好，待人也热情大方，跟同事关系也不错。可是，一个小小的动作却使她的形象在同事眼中一落千丈。

有一天，公司主持开一场员工大会，在大家等待总经理到来之前，其中有一位同事觉得地板有些脏，便主动拖起地来。而李娜并不关注，一直站在阳台旁边。突然，李娜走过来，坚持拿过同事的拖把替他拖地。本来地已差不多拖完了，根本不需要她的帮忙。可李娜却执意要求，那位同事只好把拖把给了她。刚接过拖把不一会儿，总经理推门而入。总经理见李娜在勤勤恳恳地拖地，微笑地表示赞扬。

李娜这种虚假的面孔被同事知道了，在公司的人际关系越来越差了。

在办公室里，本来同事之间就处在一种隐性的竞争关系之下，如果一味刻意表现，不仅得不到同事的好感，反而会引起大家的排斥和敌意。真正善于表现的人常常既表现了自己，又未露声色，真正的展示教养与才华的自我表现绝对无可厚非，刻意表现才是最愚蠢的，小心得不偿失。

4. 不要故作姿态

办公室内不要给人新新人类的感觉，毕竟这是正式场合。无论穿衣，还是举止言谈，切忌太过前卫，给人风骚或怪异的印象，这样会招致办公室同事的耻笑。同时，认定他（她）没有工作实际能力，是个吊儿郎当、行为怪异的人。

5. 不要择人而待

在工作岗位对待同事要一视同仁，不要遇到有能力的同事是一个样，遇到能力较弱的同事又是一个样，给人一种“势利小人”的印象。要知道，在一个单位，势利小人是最让人瞧不起的，也是最不受欢迎的，即便你的工作是优秀、成功的。

第七章 涉外礼仪

第一节 国际礼宾次序和国旗的悬挂

案例

1971 年 4 月，美国、加拿大、哥伦比亚、英国、尼日利亚乒乓球代表团访华，周总理决定同时会见他们。邀请美国乒乓球代表团来访是中美关系打开大门前，毛主席和周总理作出的重大举措。如何会见？当时礼宾司提出的方案仍未超出一般会见安排的老一套。

最后，总理亲自设计了一个新颖独特的安排：第一，按英文字母顺序排五个团座次，即加拿大、哥伦比亚、尼日利亚、英国、美国。每团代表入座一组沙发，各团呈椭圆形相围而坐，以体现各国平等思想和运动员之间相互无拘束的友好关系，也便于谈话时各团都能听到；第二，每团第一座位为中方陪同，周总理步入会见厅后，首先与加拿大代表团谈话（中方陪同起立让位），然后他依次移动位置同每团谈话约 10 余分钟，现场同声传译，最后同美国代表团的讲话，作为这次会见的高潮。

分析：国际交往中，礼宾次序非常重要，在国际礼仪活动中，如安排不当，或不符合国际惯例，就会招致非议，甚至会引起争议和交涉，影响国与国之间的关系，在礼宾次序安排时，既要做到大体上平等，又要考虑到国家关系，同时也要考虑到活动的性质、内容、参加活动人员的威望、资历、年龄，甚至其宗教信仰、所从事的专业以及当地风俗等。但礼宾次序不是教条，不能生搬硬套，要灵活运用，见机行事。有时由于时间紧迫，无法从容安排，只能照顾到主要人员。周总理的这个安排既体现我国一贯奉行的大小国家一律平等的外交政策，又重点突出了周总理向美国人民的友好讲话。这是礼宾安排上一个深思熟虑的完美之作，取得了异乎寻常的好效果。

一、国际礼宾次序

礼宾次序亦称礼宾序列。在商务礼仪中，是指在商务交往中对参观访问、出席活动、参加仪式的来自不同国家、不同地区、不同团体、不同单位、不同部门、不同身份的组织或个人的尊卑、先后的顺序和位次，所进行的合乎礼仪惯例的具体排列。

礼宾次序体现东道主对各国宾客给与的礼遇，而在某些国际性的集会上则表示各国主权平等的地位。如果礼宾次序安排不当，就会产生不必要的麻烦。

在商务交往的具体实践中，礼宾次序共有 3 种常见的排列方法。

（1） 按照参加国国名的英文字母顺序排列。

参加国一般以国名的英文字母顺序排列。如：文莱达鲁萨兰国（Brunei Darussalam）—马来西亚（Malaysia）—印度尼西亚（Republic of Indonesia）—柬埔寨王国（The Kingdom of Cambodia），按 B—M—R—T 顺序排列。也有按其他语种字母顺便排列的。

（2） 依照来宾的具体身份与职务的高低来排列其次序。

在正式的政务、商务、科技、学术、军事交往中，均可采用此种方法。若外国来宾系组团前来，则应按照团长的具体地位来排列其先后次序。

（3） 依照来宾抵达现场的具体时间早晚来排列其先后次序。

若各国代表团的身份、规模大体相等，东道主则按派遣国通知代表团组成的日期排列，或按代表团抵达活动地点的时间先后排列。当然，也可以按派遣国决定应邀派遣代表团参加该活动答复的时间先后排列。

二、国旗的悬挂

国旗代表国家的尊严，象征着国家的主权，是国家的主要标志之一。因此，每个爱国的人都应该尊重和爱护国旗。

国旗悬挂在政府机关的建筑物上面，而在全国性胜利纪念日，可在一切建筑物上悬挂，在我国驻外国的大使馆、领事馆等建筑物上和远洋航行的军舰、商船上，都要悬挂国旗。

国旗

按照国际法规定和国际惯例，在某块领土上悬挂某国国旗，就是确认该国在此领土上行使权力的标志之一；无权悬挂而悬挂他国国旗的责任者要受到惩罚。

侮辱国旗，如撕毁或其他类似行为，在世界各个国家内都被认为是一种严重的犯罪行为。

1. 悬挂国旗的次序

（1） 一般国际上通行的挂旗次序和方法。

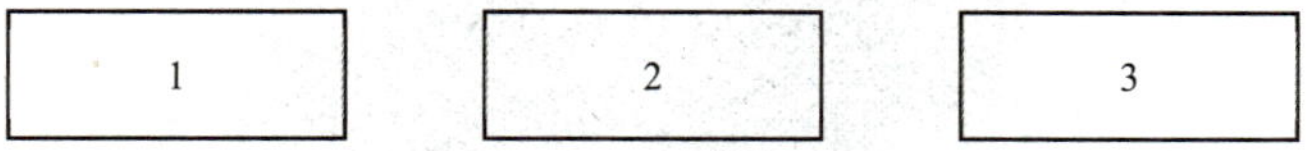

三国以上国旗并挂

两国国旗并挂

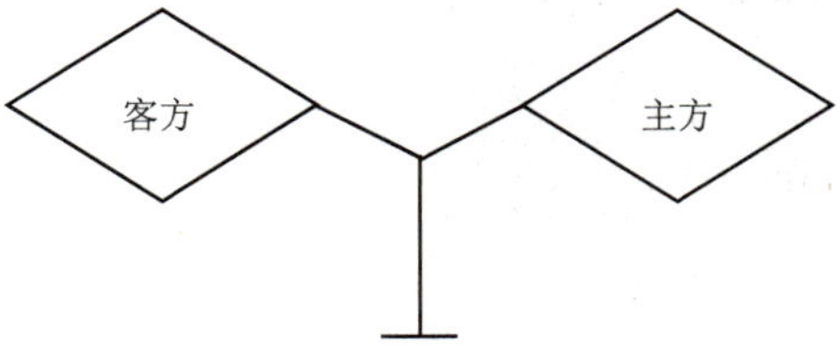

交叉悬挂

交叉挂

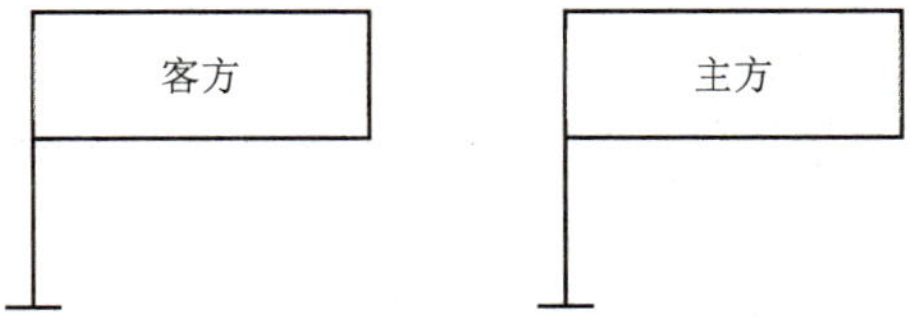

并列悬挂

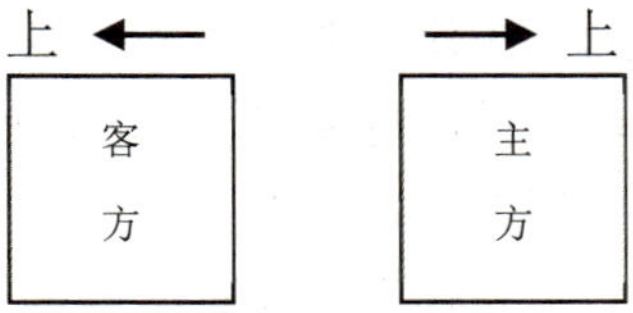

竖挂

（2） 特殊场合挂旗次序和方法。

在室内：面对门口，右高左低

2. 悬挂国旗的注意事项。

（1） 当两国国旗并挂时，以旗本身的面向为准，右边挂客房的国旗，左边挂东道国的国旗。

（2） 所谓主客，不以活动所在国为依据，而以活动举办人的国籍为依据。

（3） 国旗不要随意交叉悬挂或竖挂，更不可倒挂。

（4） 制旗要规范、整洁。如果并挂两面不同规格的国旗，应将一面国旗放大或缩小，以使旗面积大致相等。

（5） 悬挂国旗宜正面（即旗套在旗的右方）面向观众，不用反面。

思　考　题

（1） 简述国际礼宾次序。

（2） 在哪些国际活动场所可以升挂国旗？

第二节 东盟十国礼仪与禁忌

国　　家	礼仪与禁忌
越南 	越南人社交礼貌可以用一句话概括：传统重礼仪，热诚待宾客；他们遇上人总要热情地打个招呼并互致问候，最简单地也要以点头示礼。他们待客极热情，只要宾客临门，他们总要拿出最好的酒和美味佳肴来招待客人，客人吃得越多，主人会越高兴。他们自古就有染齿的特殊民族风俗，习惯把洁白的牙齿染成黑色，并以黑齿为美。他们非常喜欢狗，认为狗忠实、可靠、勇敢。他们钟爱桃花，认为桃花鲜艳、美丽，是吉祥之花，并称其为国花。 越南人习俗禁忌多：不要随意摸别人的头部，包括小孩。忌讳别人拍他的肩膀或用手指着他大声叫嚷，认为这是有失礼貌的举动。他们忌讳用脚指物，或把脚掌对向别人，认为这是属于污辱人的一些动作。当村寨路口悬挂有绿色树枝时，是禁入的标志，外人不得进入。
泰国 	泰国人在朋友相见，双手合十、互致问候。晚辈向长辈行礼时，双手合十举过前额，长辈也要合十回礼。年纪大或地位高的人还礼时，双手不必高过前胸。行合十礼时，双手举得越高，表示尊重程度越高。把东西扔给别人是不礼貌的行为。从坐着的人们面前走过时，要略微躬身，表示礼貌。 泰国人认为头是最神圣的部位。不能随意摸别人的头，小孩子的头只能让国王、高僧或父母摸，别人是不能摸的。睡觉时，忌讳头向西方。到寺庙烧香拜佛或参观游览时，必须衣冠整齐，进佛殿要脱鞋。妇女要避让僧人。泰国人认为左手不洁。不能用左手递物或接物。就坐时，最忌讳翘腿。把鞋底对着别人，被认为是把别人踩在脚底下，是一种侮辱性的举止；当着泰国人的面，不要踩门槛，他们认为门槛下住着神灵。在泰国，男女仍然遵守授受不亲的戒律，所以男女不能过于亲近。
柬埔寨 	柬埔寨贵族与平民的姓名有所不同：贵族一般承继父姓，平民一般以父名为姓；贵族起名很有讲究，往往寓意深刻，平民名字多数是随便叫起来的，没有什么含义。合十礼是柬埔寨最常见的一种相见礼仪。行礼时，要根据对象把握好掌尖的高度，如女子向父母，孙儿向祖父母，学生向教师，应将合十的掌尖举到眼眉；政府官员下级向上级行礼时，应举到口部；地位相等者行礼时，应举到鼻尖。在农村，人们只行合十礼；在城市，现在也有行握手礼的。 柬埔寨人认为左手是不洁的，用左手拿东西或食物是不懂礼貌的表现。他们还认为头是人的神圣部位，别人不能触摸他们的头部，也不能随意抚摸小孩的头。在柬埔寨的一些舞蹈中，常用手势来表达特定的意思，如五指并拢伸直表示“胜利”；五指攥成拳头表示“不满”和“愤怒”；四指并拢，拇指弯向掌心，表示“惊奇”、“忧伤”。
老挝 	老挝人有嗜嚼槟榔和吸烟的习惯，就连妇女也不例外。他们用餐一般都不用刀叉和筷子，而是惯于用手抓饭。祭寨神期间，禁止挑水、舂米等。人们用绳子绕村，竹子拦路，或在村口挂上树枝、竹圈等标志，外人不得进村。 老挝人进寺庙的佛堂要脱鞋，不能随便触摸佛像，更不能在佛寺或其附近杀生。老龙族认为，头顶是最尊贵之处，所以不能随便摸他人尤其是小孩的头顶；家里的神台不能动，不能在供神处坐卧或乱放物品；在室内，不能随便吐痰和在火塘边烘烤鞋袜。对村旁河水的使用也有严格的区分：上段的河水是用来饮用的，不能洗澡或洗衣物；中段是男人洗澡的地方；下段是妇女洗澡的地方。取水时，只要水源处有公共用具如竹筒之类，就不能使用自己的器具直接舀水。屋内的用水也有区分，小竹筒或葫芦里的水多作饮用，不能用来洗东西。

（续表）

国　　家	礼仪与禁忌
缅甸 	缅甸是一个非常讲礼仪的国家，人们相互见面和交往时有许多礼节，如介绍礼、跪拜礼、坐拜礼、站拜礼、五体投地礼、合十礼、鞠躬礼、拜访礼、送物接物礼、行止站卧礼和问候礼、等等。在缅甸，女性地位高，不可歧视女性。 游客如果对寺庙、佛像、和尚等做出轻率的举动，会被视为“罪恶滔天”。跨坐石佛像上拍照，会惹出麻烦，甚至有可能被课刑。一般人决不会坐在高过和尚的坐位，商客必须“人境随俗”。 缅甸人认为在星期二做事情必须做两次才能成功，所以，一般人都避开在星期二做事，缅甸人有个风俗，每逢星期五这一天，忌讳乘船渡河。缅甸人送给别人东西时，必须在星期一至星期六进行，星期天禁忌送物，尤其禁忌送衣服、纱笼等。严禁不脱鞋就进入佛塔或寺庙。忌睡高床。
印度尼西亚 	印度尼西亚人大部分信仰伊斯兰教，印度尼西亚人很讲究礼节，熟人相见，除互致问候外，还念诵祝辞“愿真主保佑你”，而“请”、“谢谢”、“对不起”等礼貌用语更是时常挂在嘴上。文雅、谦恭、和蔼是穆斯林公认的美德。印尼人热情好客。到朋友家做客时，要衣着整洁，对家中长者要表示尊敬；用餐时要赞扬主人的厨艺；按教规不饮烈酒，不吃猪肉。但出于礼节，可以送给主人一束鲜花，或最好说上几句感谢的话等。在与印尼人谈话时，最好避开当地政治、社会和国外对他们的援助等方面的话题。 印尼人大多数信奉伊斯兰教，忌讳吃猪肉食品，忌饮烈性酒，不爱吃海参，也不吃带骨带汁的菜和鱼肚等。忌讳夜间吹口哨，认为它会招来游荡的幽灵和挨打，忌摸别人的头；指人或物时用大拇指，而不要用食指；在正式场合忌跷二郎腿或两脚交叉等。
新加坡 	新加坡是一个文明的国家，讲究礼貌已成为他们的行动准则。从 1979 年起，新加坡每年都开展一次为期一个月或两个月的礼貌运动。新加坡人待人接物总是笑脸相迎，无论你到哪个部门去办事，都会受到热情周到的接待；异国客人在大街上迷路时，也会有热心的当地人主动前来为你指路； 与新加坡人攀谈之时，不仅不能口吐脏字，而且还要记住多使用谦词、敬语。对于新加坡国内的政治、宗教、民族问题，执政党的方针、政策，以及新加坡与邻国的关系问题，最好不要有所涉及。新加坡的华人大都很讲“面子”，而且“乡土观念”极强。与其进行交往时，千万不要不给对方“面子”。要是能用家乡话与其交谈，则必会受欢迎。在新加坡，人们不准嚼口香糖，过马路时不能闯红灯，“方便”之后必须拉水冲洗，在公共场合不准抽烟、吐痰和随地乱扔废弃物品。不然的话，就必受处罚，需要交纳高额的罚金，搞不好还吃官司，甚至被鞭打。
马来西亚 	马来西亚是一个礼仪之邦，人们纯朴善良，待人热情，讲求信义。平时，熟人在路上相遇都礼貌地相互问候，问候的方式是双方先以右手掌相合，再收回贴在自己胸前，与此同时，口中念道“真主保佑，一路平安”（阿拉伯语）。但在涉外商务活动中，人们还是多行握手礼。 马来西亚禁止饮酒。马来人视左手为不洁，因此见面握手时，一定要用右手，平时接递东西时，也必须用右手而不能随便用左手，用左手便是失礼。在不得不用左手时，一定要说声：“对不起”。对女士不可先伸出手要求握手。头被认为是神圣的部位，在亲近儿童时，不可触摸他的头部，否则会引起不快。和伊斯兰教徒共餐时，不要劝酒，要避免点猪肉做的菜肴。马来人不喜欢别人问自己的年龄。若问年纪会被视为不礼貌。

（续表）

国　家	礼仪与禁忌
菲律宾 	菲律宾人天性和蔼可亲，善于交际，作风大方，讲求礼仪。在社交场合与客人相见时，无论男女都习惯以握手为礼。在与熟人或亲朋好友相见时，一般都很随便，如果晚辈遇见长辈时，说话前要把头巾摘下放在肩上，深深鞠躬，并称呼长辈为“博”（意为大爷）。伊斯兰教徒见面时，要施双手握手礼，在户外相见若没戴帽子，则必须用左手捂头。商务会晤时一般习惯以握手为礼。 在涉外交往中，人们十分忌讳谈论涉及有关政治、宗教、当地情况、腐败现象和外国援助等方面问题。菲律宾人很忌讳“13”，认为“13”是凶神，是厄运和灾难的象征，是令人极为厌恶的数字。伊斯兰教徒忌讳猪，禁食猪肉和禁用猪肉制品，也不喝牛奶和烈性酒。饮食上伊斯兰教徒禁食猪肉，多数人不喜欢吃生姜，也不喜欢吃兽类内脏和腥味大的东西，对整条鱼也不感兴趣。红色与茶色被菲律宾人视为不祥之色，白色则受其珍爱。
文莱 	由于独特的历史、社会、文化条件，文莱宗教色彩和民族传统均较浓厚，形成了注重和谐、委婉、谦恭的文化。其基本特征为：重视社会、族群、人际关系的和谐，不采用过激行为；关注弱势群体；重视礼节和传统，循规蹈矩，礼节繁多。 不要去抚摩孩子的头，也不能用食指来指对方，而要把四指并拢轻握成拳，大拇指紧贴在食指上，不然的话当地人会认为你很不友善。文莱是禁酒国家，在文莱是找不到卖酒的商店，游客只能携带 275 毫升酒入境自用。不能在公共场合饮酒，只有在专门的酒吧才准饮酒。文莱人信奉伊斯兰教，忌吃猪肉，不吃自死的动物肉和血液。忌提及类似的语言，只有少数餐厅接待中国游客才有猪肉吃。

第三节　其他各国礼仪与禁忌

一、西方国家习俗礼仪

国　家	礼仪与禁忌
美国 	美国人一般性情开朗、乐于交际、不拘礼节。第一次见面不一定行握手礼，有时只是笑一笑，说一声“Hi”或“Hello”就算有礼了。握手的时候习惯握得紧，眼要正视对方，微弓身，认为这样才算是礼貌的举止。在告别的时候，也只是向大家挥挥手或者说声“再见”、“明天见”。在美国如果有客人夜间来访，主人穿着睡衣接待客人被认为是不礼貌的行为；当被邀请去老朋友家做客时，应该预备小礼物。 美国人对握手时目视其他地方很反感。认为这是傲慢和不礼貌的表示。忌讳向妇女赠送香水、衣物和化妆用品。美国妇女因有化妆的习惯，所以他们不欢迎服务人员送香巾擦脸。忌讳别人冲他伸舌头。认为这种举止是污辱人的动作。他们讨厌蝙蝠，认为它是吸血鬼和凶神的象征。忌讳数字“13”、“星期五”等日。忌讳问个人收入和财产情况，忌讳问妇女婚否、年龄以及服饰价格等私事。忌讳黑色。认为黑色是肃穆的象征，是丧葬用的色彩。

（续表）

国　家	礼仪与禁忌
澳大利亚 	澳大利亚人既有西方人的爽朗，又有东方人的矜持。他们兴趣广泛，喜欢体育运动。澳大利亚人见面习惯于握手。澳大利亚有特别浓厚的自由和无拘无束的气氛。人们日常互相直呼其名（只称呼名，不称呼姓），老板和员工之间、教师和学生之间都如是。 澳大利亚人文明有礼，乐于助人。在人流稀少的街上行走的话，人们即使互不相识也会打招呼和问候、忌谈土人和袋鼠。
俄罗斯 	在人际交往中，俄罗斯人素来以热情、豪放、勇敢、耿直而著称于世。在交际场合，俄罗斯人惯于和初次会面的人行握手礼。但对于熟悉的人，尤其是在久别重逢时，他们则大多要与对方热情拥抱。在迎接贵宾之时，俄罗斯人通常会向对方献上"面包和盐"。这是给予对方的一种极高的礼遇，来宾必须对其欣然笑纳。 俄罗斯人对盐十分崇拜，并视盐为珍宝和祭祀用的供品。认为盐具有驱邪除灾的力量。如果有人不慎打翻了盐罐，或是将盐撒在地上，便认为是家庭不和的预兆。为了摆脱凶兆，他们总习惯将打翻在地的盐拾起来撒在自己的头上。认为兔子是一种怯弱的动物，如果从自己眼前跑过，那便是一种不祥的兆头。忌讳黑色，认为黑色是丧葬的代表色。因此，对黑猫更为厌恶，并视黑猫从自己面前跑走是不幸的象征。
英国 	英国是绅士之国，讲究文明礼貌，注重修养。彼此第一次认识时，一般都以握手为礼，英国人待人彬彬有礼，讲话十分客气，"谢谢"、"请"、"对不起"等不离口。对英国人讲话也要客气，不论他们是服务员还是司机，都要以礼相待，请他办事时说话要委婉。不要使人感到有命令的口吻。英国人对于妇女是比较尊重的，在英国，"女士优先"的社会风气很浓。 英国人喜欢聊天气，谈新闻，但忌讳询问别人的私事，特别忌讳打听女子的年龄和婚姻状况等。在日常交往中，不要问人家从哪里来，到哪里去？和英国人坐着谈话忌讳两腿张得过宽，更不能跷起二郎腿。如果站着谈话不能把手插入衣袋。忌讳当着他们的面耳语和拍打肩背，忌讳有人用手捂着嘴看着他们笑，认为这是嘲笑人的举止。
法国 	法国人爱好社交，善于交际，诙谐幽默，天性浪漫，具有骑士风度，是世界上著名的"自由主义者"，他们虽然讲究法制，但是一般纪律较差，约会必须事先约定，并且准时赴约，但是也要对他们可能的姗姗来迟事先有所准备。法国的时装、美食和艺术是世人有口皆碑的，再此影响之下，法国人拥有极强的民族自尊心和民族自豪感，在他们看来，世间的一切都是法国最棒。与法国人交谈时，如能讲几句法语，一定会使对方热情有加。 在人际交往之中，法国人对礼物十分看重，但又有其特别的讲究。宜选具有艺术品味和纪念意义的物品，不宜以刀、剑、剪、餐具或是带有明显的广告标志的物品。男士不宜向一般关系的女士赠送香水，在接受礼品时，要当着送礼者的面打开其包装，否则就会被认为是一种无礼的表现。法国人用餐时，两手允许放在餐桌上，但不许将两肘支在桌子上，在放下刀叉时，他们习惯于将其一半放在碟子上，一半放在餐桌上。法国人大多喜爱蓝色、白色与红色，他们所忌讳的色彩主要是黄色与墨绿色。法国人所忌讳的数字是"13"与"星期五"。

（续表）

国　家	礼仪与禁忌
德国 	德国人严肃而谨慎，注重形式，注重体面，非常注重规则和纪律，干什么都十分认真。凡是有明文规定的，德国人都会自觉遵守；凡是明确禁止的，德国人绝不会去碰它。通常来讲，同德国人打交道没有太多的麻烦，他们做事比较干脆，能办的就会马上告诉你“可以办”，办不到的也会明确告诉你“不行”，很少给人以模棱两可的答复。德国人比较注意礼仪，两人相遇时，不管认识不认识都要相互打招呼问好，朋友见面或告别以握手为礼。在交往过程中，大多数人往往用"您"以及姓氏之前冠以"先生"或"女士"作为尊称，对有头衔的人要称呼其头衔，只有亲朋好友和年轻人之间互相用"你"以及名字称呼。 与德国人一起可以谈论个人的业余爱好，以及足球之类的话题，而不要涉及打垒球、篮球或美式橄榄球。在德国，应邀去别人家做客时，一般都带礼物或者鲜花，但最好不要送具有浪漫意义的玫瑰花。所送之礼物都要事先用礼品纸包好，受礼人则要在收到礼物后马上打开观看，并向送礼人表示感谢。在同人交谈时，德国人很注意尊重对方。不询问人家的私事（如不问女性的年龄，不问对方的收入等），也不拿在场的人开玩笑。就餐谈话时，不隔着餐桌与坐得较远的人交谈，怕影响别人的情绪。
加拿大 	加拿大人的生活习性包含着英、法、美三国人的综合特点，他们热情好客、待人诚恳，喜欢现代艺术、酷爱体育运动，尤其是冬季冰雪运动。加拿大人喜爱枫叶和白雪，喜欢客人赞扬他们美好的国家和勤劳智慧的人民。加拿大人在社交场合与客人相见时，一般都惯行握手礼。亲吻和拥抱礼虽然也是加拿大人的礼节方式，但它仅适合于熟人、亲友和情人之间。 加拿大是由许多不同族群组成的；尽管其习俗在全国大致相同，但仍有某些差别。按照常情，最好的办法是客随主便。加拿大人大多数信奉新教和罗马天主教，少数人信奉犹太教和东正教。他们忌讳“13”、“星期五”，认为“13”是厄运的数字，“星期五”是灾难的象征。他们忌讳白色的百合花，因为它通常出现在葬礼上。他们不喜欢外来人把他们的国家和美国进行比较，尤其是拿美国的优越方面与他们相比，更是令人不能接受。加拿大妇女有美容化妆的习惯，因此他们不欢迎服务员送擦脸香巾。他们在饮食上，忌吃虾酱、鱼露、腐乳和臭豆腐等有怪味、腥味的食物；忌食动物内脏和脚爪；也不爱吃辣味菜肴。
意大利 	意大利人见面时行握手礼或用手示意。有些意大利人约会时不守时。在意大利女士受到尊重，特别是在各种社交场合，女士处处优先。在意大利进餐时，意大利人的习惯是男女分开就座，女士先动刀叉进餐，然后先生们才可用餐。在意大利的商店门口有插葡萄枝的习惯，因为意大利是盛产葡萄酒的国家，过去，有些农民家里酿了许多酒，自给有余，便将葡萄枝挂在自家门口，让过路人一看便知道这家有酒卖。一旦酒已售完，绿枝就被取下。这一风俗一直延续至今。 意大利人忌数字“13”。凡住房号、剧院座位号等都不准有 13 的字样；赠送纪念品时，切忌送手帕，因为在意大利认为手帕是亲人离别时擦眼泪用的不祥之物；送花时忌送菊花，因为菊花盛开的季节正是他们扫墓的时候，送花的花枝、花朵应为单数。无论男士，女士都不得穿短裤、短裙或无袖衬衫到教堂或天主教博物馆参观。意大利人还忌讳别人用目光盯视他们，认为目光盯视人是对人的不尊敬，可能还有不良的企图。在与不认识的人打交道时，忌讳用食指侧面碰击额头，因为这是骂人“笨蛋”、“傻瓜”。一般也忌讳用食指指着对方，讲对方听不懂的语言，这样做造成的后果将不可收拾。

二、东方国家西方礼仪

国　家	礼仪与禁忌
韩国 	韩国人崇尚尊老敬老的礼仪传统习惯，晚辈、下级走路时遇到长辈或上级，应鞠躬、问候，并站在一旁让其先行，以示敬意。称呼用敬语，很少直呼其名。在社交场合与客人见面时，习惯以鞠躬并握手为礼，但女人一般不与男人握手，只是鞠躬致意。韩国人信奉的主要宗教有佛教、基督教、儒教、天道教等。韩国人的的语音文字与中国的文字语音有许多不可分割的联系，因此，他们也忌讳与“死”同音的字词，以及数字“4”。韩国人也有李姓，但在解释李字的写法时，绝不要解说为“十八子”李，因为在韩国语中，“十八子”的读音与一个淫诲的词近似，听起来令人反感，尤其是男子在女人面前，绝不能说这种话，否则会被认为你是有意侮辱人。 韩国人忌讳有人在面前擤鼻涕、吐痰、掏耳朵或衣裳不整。认为这些都是不礼貌的举止。韩国人在饮食上一般不爱吃羊肉、肥猪肉和鸭子，他们厌油腻，不愿喝清汤，熟菜中不喜欢放醋，不爱吃放糖和带花椒的菜肴。
日本 	日本是一个注重礼仪的国家。在日常生活中，都互致问候，脱帽鞠躬，表示诚恳、可亲。初次见面，向对方鞠躬 90 度，而不一定握手。如果是老朋友或比较熟悉的人就主动握手，甚至拥抱。在日本，“先生”的称呼，只用来称呼教师、医生、年长者、上级或有特殊贡献的人，如果对一般人称“先生”，会让他们感到难堪。 日本人送礼时，送成双成对的礼物，如一对笔、两瓶酒很受欢迎，但送新婚夫妇红包时，忌讳送 2 万日元和 2 的倍数，日本民间认为“2”这个数字容易导致夫妻感情破裂，一般送 3 万、5 万或 7 万日元。把书法作品或是精美的印章送给日本人，是受欢迎的。我们中国人喜欢把印章的边缘特意刻成破碎型，以示古老苍劲。如果这样送给日本朋友，对方就会不高兴了，他们认为这种不完整是不吉利的。
印度 	印度是一个佛教国家，所以，任何被认为是亵渎寺庙、佛像、和尚等与佛教有关的行为都被视为罪行滔天。在印度吃饭时，要大家一起分享，独食是吝啬而不规矩的举动。印度人认为头部是人体中最崇高无比的部位，不容许他人触摸。 印度有牛的王国之称，牛是本地最崇高不可侵犯的动物，因此在路上驾车时，万万细致不要撞到牛，更不要配戴牛成品进入古刹。信奉印度教的印度人履行种姓轨制，打听本地人的种姓阶层是一件极不规矩的事。印度人很器重身份，在印度若身份分歧或所属阶层有异，就不能同席共桌一起用饭。

三、非洲国家习俗礼仪

国　家	礼仪与禁忌
埃及 	人大多数信奉伊斯兰教，属于典型的穆斯林国家，因此在埃及尽量不要用左手和他人接触，也不要使用左手吃饭，因为在穆斯林国家，左手是上厕所和做脏活的时候用的，很多的国家没有厕纸，便后都是直接用左手和自来水清洗的，因此左手在他们眼里是十分肮脏的东西。因为宗教的原因，他们不吃猪肉，甚至不喜欢熊猫，因为熊猫胖得像猪。 在埃及有很多的清真寺，在进入神圣的清真寺的时候一定要脱鞋，头上不能戴着帽子，而且穿着上要十分注意，不要太过于暴露，以免引起他人的不满。在埃及，男女之间的交流很少，一般女性都要用面纱蒙住脸，男性是不会主动和女性有交谈甚至是身体上的接触的，而男性朋友之间，则喜欢以双手握手礼来作为友谊的象征。

（续表）

国　家	礼仪与禁忌
南非 	南非社交礼仪可以概括为：黑白分明，英式为主。所谓黑白分明是指：受到种族、宗教、习俗的制约，南非的黑人和白人所遵从的社交礼仪不同。目前在社交场合，南非人所采用的普遍见面礼节是握手礼，并且在握手时必须用力，他们认为，用力的程度跟对方好意的程度是成正比的，最好握得他们感觉到疼痛，如果握得有气无力，则表示虚情假义，毫无诚心，被称为是“礼貌不周”。在黑人部族中，尤其是广大农村，南非黑人往往会表现出与社会主流不同的风格。比如，他们习惯以鸵鸟毛或孔雀毛赠予贵宾，客人此刻得体的做法是将这些珍贵的羽毛插在自己的帽子上或头发上。 南非流行的打招呼方式——举起右手、手掌向着对方，目的是表示“我的手并没有握石头”。在南非，negro 和 black 是禁句，称呼非洲人时最好照他们的国籍来称呼。南非人不喜欢拍照，不喜欢被人目不转睛地瞪着看。
尼日利亚 	尼日利亚人在施礼前，总习惯先用大拇指轻轻地弹一下对方的手掌再行握手礼。尼日利亚豪萨人表示亲热的方式是彼此用自己的右手使劲拍打对方的右手。他们认为食指是不详之物，因此不喜欢别人用右手食指指向自己，若是有人伸出手并张开五指对向自己，更是粗暴地侮辱人的手势，相当于辱骂祖宗。 尼日利亚人在交谈中从不盯视对方，也忌讳对方盯视自己。他们忌讳左手传递东西或食物，忌讳“13”。已婚妇女忌讳吃鸡蛋。

思　考　题

（1） 日本料理为什么兼具有中西方的特色？日本人用筷子忌讳什么？
（2） 说一说泰国的泼水节。
（3） 在缅甸谁最受到人们的尊敬？为什么？
（4） 在新加坡为什么会忌讳别人说“恭喜发财”这句祝词？
（5） 英国人为什么会忌讳用打火机或一根火柴同时为三个人点烟？

第八章　宗教习俗礼仪

第一节　中国民间信仰

案例

清明扫墓，是对祖先的一种思念和敬仰。其习俗由来已久，从秦朝开始就已经有了，唐朝时开始盛行，一直流传到现在。

在清明这一天，逝者的子孙们要亲自到茔地去祭拜、焚烧祭品、整理坟茔。祭拜时要焚香，并摆上各色糕点、水果等供品，然后行礼、焚化黄表、纸线、纸元宝以及各类纸扎祭品，意思是让先人在另一个世界也能像现世一样有吃有花有用，并保佑家族兴旺发达。

分析：清明扫墓是逝者的亲人寄托哀思的一种方式，而祭祀的方式却代表了一种信仰，即对鬼神的信仰。鬼神信仰是中国广泛存在的一种民间信仰，这种民间信仰是在长期的历史发展过程中，在民众中自发产生的一套神灵崇拜观念、行为习惯和相应的仪式制度。中国的民间信仰有强烈的功利性，即谁对自己有利就崇拜谁，例如，任何能让普通民众怀念的人物，在逝世后都有可能被建立庙宇，逐渐演变成为民间宗教的神，就连文学作品中的孙悟空，也可以成为民间宗教中的神祇。而对于逝去的祖先，自然被认为是会保佑自己的，因此也被尊奉为守护灵。

一、自然神信仰

自然神信仰是指把自然现象视为神灵加以崇拜，是一种最古老的信仰。这些被做为神灵的自然现象都是与人类有密切关系的，如日月、雷电、山水、动植物等。

自然神信仰的形成与人类生活的环境有关。在人类生活的早期，自然环境非常恶劣，风雨雷电、洪水猛兽，经常给人类带来毁灭性的灾难，当时的人们无法理解这些灾难产生的原因，更无法与之对抗，便在意识形态中将这些现象视为一种神秘的异己力量，对它们既依赖又恐惧。

原始的人类将这种看不见、摸不着的神秘力量寄托在某些与之有关的实体上，例如，洪水泛滥成灾，一定是有神灵在掌控着水，于是出现了水神，人们通过祭祀水神来祈求风调雨顺；天上打雷闪电，一定是有神灵居住在天上并掌控这些现象，于是出现了天神，人们通过祭祀天神来祈求避免天灾横祸等。根据甲骨卜辞的记载，殷人最初的“帝”是各种自然现象的操纵者，殷人祭祀山川，实际是把山川当作“帝”的寄居之所。

随着人类思维的发展，特别是灵魂观念产生以后，人类不再满足于用“神秘的存在”来解释自然，而将那些最能引起人的依赖感的、变化的自然现象，直接看成了对象本身的形态，将其臆想为一个有人性、有动机、有感情的实体，于是人类就赋予自然万物以人格化的“灵”。为了迎合自然物的动机和欲念，使之顺从于人，人类就开始把自然物作为独立的、有意志的实体进行祭祀，于是，自然神的雏形便产生了。

在中国民间信仰中有各色各样的自然神，比较有影响的大概有以下几类：

（1） 天体。天是被当作一个实体而加以崇拜的，因此中国古代有祭天的习俗，直到现在，民间还尊称天为“老天爷”。

（2） 自然现象。包括风神、雨神、雷神、电神、火神。

（3） 无生命物。包括山神、土地神、水神、石神、海神、潮神等，其中土地神又被称为社神。

（4） 动植物。动物神包括蛇神、熊神、鸟神、虎神，华北地区的“四大门”——狐狸、黄鼠狼、刺猬和蛇。植物神包括树神、草神、谷神、花神等。

二、人鬼、人神的信仰

在中国民间信仰中，人死后会有两种去处：一是鬼，二是神。

鬼和神是两种完全不同的概念。在民间传说中，鬼是魂的影像，当一个人的躯体死亡后，其灵魂离开躯体继续存在，成为朦胧的非实体，也称为“灵”。鬼的出路一般有转世投胎、在地狱受苦、飞升成神三种。鬼的出路根据它在阳间时的行为而定：如果在阳世时作恶太多，就会被罚到地狱受苦；一般人则会投胎转世，重新为人，或成为动植物；如果在阳间多行善事，或修道，或受过敕封，但没有机缘肉身化仙，就只能在死后尸解成神，也有一些是在阳世影响太大，受人尊敬，因而死后成神的，如关羽等。

正如人世间有完善的统治机构一样，人们也臆想了一套鬼界和神界的生活空间，即地狱和天堂。地狱由十殿阎罗统治，神界由玉皇大帝统治，构成了一整套的鬼、神、人的世界，成为中国民间信仰的一个完整体系。

在中国民间的节日中，有三个特殊的节日：清明节、中元节（农历七十月五）、十月一（农历），这是一年之中的三大“鬼节”。相传这几个日子是阴曹地府开门的日子，众亡灵可以返回阳间来接受亲人的祭祀，收取祭品，以备在阴间享用。因此每到这几个日子，人们都会上坟扫墓，祭拜祖先。这种习俗在中国广大农村至今依然延续者。

对于鬼神的信仰，经现代心理学研究，是因为人对不存在的东西会产生恐惧，为了实现完满的人生，人们需要降低自己的恐惧感寻求解脱，便把这种愿望寄于鬼神，希望鬼神给自己指出出路。可以说，鬼神的被创造只是人心里的一种慰藉。在中国民间信仰中，鬼和神并没有严格的界限，不过一般认为，鬼神有尊卑之别，神住天上，而鬼游荡世间。

三、社会神信仰

社会神是将社会现象或力量人格化，源于原始社会后期，是自然神的演化。随着生产力的发展、社会结构的复杂化和阶级化，以及社会分工的具体化，人不再是一个个单独的个体，社会力量也被认为是不可理解和不可驾驭的力量，于是，便有了战神、爱神、财神、行业神、地域守护神等。

把历史、传说人物附会成神祇是我国民间造神惯用的手法，如中国民间信仰中的三皇五帝、王母娘娘、太上老君、姜太公、关公等，都属于这类人物。拿老子和关公来说，作为神的太上老君、关圣帝君与作为人的老子和关羽与之间有很大的差距，他们的出现只是一种社会需要。

就生活领域而言，中国民间信仰中的社会神分成多种，有掌管农事生产的，如嫘祖、蚕姑；有掌管行业领域的，如鲁班、药王；有掌管交通运输的，如开路神；有掌管婚姻的，如月老；有掌管生育的，如张仙、观音菩萨；有掌管福禄的，如财神爷、魁星；有掌管生死报应的，如阎王爷、土地爷等。

第二节　少数民族宗教信仰

民　族	宗教信仰	宗教节日
回族	伊斯兰教	回族民间节日开斋节（也叫肉孜节），又称大开斋。每年希吉来历即伊斯兰历9月为斋月。凡回族男12岁、女9岁以上身体健康者都应封斋。
苗族	万物有灵	苗族的先祖可追溯到原始社会时代活跃于中原地区的蚩尤部落。苗族过去信仰万物有灵，崇拜自然，祀奉祖先。节日较多，除传统年节、祭祀节日外，还有专门与吃有关的节日，苗族有很多节日，但各地区叫法和过法不尽相同，传统节日以苗年最为隆重。
傣族	小乘佛教	每年傣历六月举行的泼水节是最盛大的节日，这一节日傣语称“桑勘比迈”。届时要赕佛，并大摆筵席，宴请僧侣和亲朋好友，以泼水的方式互致祝贺。
藏族	藏传佛教，即喇嘛教	藏族的民间节日有藏历新年、酥油灯节、浴佛节等。藏族民间最大的传统节日为每年藏历正月初一的藏历年。
壮族	信仰原始宗教，祭祀祖先，部分人信仰天主教和基督教	著名节日有一年一度的“三月三”歌节等，最隆重的节日莫过于春节，其次是七月十五中元鬼节、清明上坟、八月十五中秋，还有端午、重阳、尝新、冬至、牛魂、送灶等。
阿昌族	小乘佛教	会街，是阿昌族人民的传统集会，多在每年农历九月中旬举行。主要宗教节日有进洼（关门）、出洼（开门）、烧白柴、泼水节等。
怒族	原始宗教	传统节日有过年、鲜花节和祭谷神、祭山林节，其中以过年的节日气氛最浓，既隆重又古朴。仙女节是云南省贡山一带怒族人民的民间传统节日。当地又称鲜花节，于每年农历三月十五日举行。

（续表）

民　　族	宗教信仰	宗教节日
鄂伦春族	原始宗教	每年的6月18日是鄂伦春民族传统的节日--篝火节。这一天，鄂伦春人都要点燃篝火，欢歌舞蹈，欢庆自己民族的节日。腊月二十三也有送火神上天的习俗。鄂伦春的先人们和火结下了不解之缘，对火有着特殊的感情，对篝火无比亲近。
门巴族	藏传佛教	门巴族沿用藏历，节日也与藏族相同。节日期间要杀牛宰羊，置办丰盛的酒菜，宴请宾客。相传藏传佛教的佛祖释加牟尼诞生和圆寂的日子是藏历四月十五日，为了纪念这一天，门巴族地区的所有寺庙念经祈祷，举行各种宗教活动。
保安族	仰伊斯兰教	保安族的节日同许多信奉伊斯兰教的民族相同，如开斋节、古尔邦节、圣祀日等，家家都要炸馓子、油馃、蜜圈圈和油香。
布依族	信仰多神和自然崇拜	传统节日除春节、端午节、中秋节外，还有“二月二”、“三月三”、“四月八”、“牛王节”等，最隆重的节日是农历“六月六”。
德昂族(崩龙族)	佛教	传统节日主要有泼水节、关门节、开门节、烧白柴等，大都与佛教活动有关。德昂族还有祭家堂、寨神、地神、龙、谷娘等祭祀习俗，其中以祭龙最富情趣。
东乡族	伊斯兰教	东乡族开斋节又称“尔德节”，是东乡族民间的传统节日。按伊斯兰教规定：伊斯兰教历每年九月是斋戒月份，这一月的开始和最后一天，均以见新月为准，斋期满的次日，即为节日。因此，它既是民族节日，也是宗教节日。
侗族	信仰多神，崇拜自然物	侗族传统节日各地日期不一，节日饮食常和宴客活动联系在一起，主要节日有新婚节、架桥节、祭牛节、吃新节、花炮节等。侗族喜欢斗牛，每个村寨都饲养有专供比赛用的“水牛王”。
独龙族	自然崇拜	传统节日卡雀哇，于每年冬腊月的某一天举行（各地时间不一），节期的长短常常以食物准备的多寡而定。
俄罗斯族	多信东正教	俄罗斯族非常重视传统节日，尤其以过“复活节”最为隆重。过节前一周，不吃荤，只吃素。
哈尼族	信仰多神和崇拜祖先	传统节日主要有“年首扎勒特”（10月）、“吃扎扎”（五月节）。还有火把节此外还有“栽秧节”（又称“黄饭节”）和尝新节两个小节日。
哈萨克族	过去信仰萨满教，公元十一世纪前后改信伊斯兰教	哈萨克族主要节日有古尔邦节、肉孜节、“那吾热孜”节。
基诺族	万物有灵和祖先崇拜	传统节日以过年为重，具体时间由各村寨自定，但多在农历腊月间进行。每年阴历九月过新米节，当地人称“好希早”。
京族	主要信仰道教，少数人信仰天主教	传统节日有春节、清明节、端午节、中秋节及唱哈节等。其中，最隆重、最热闹的节日是“唱哈节”（歌节）
珞巴族	崇信多神	节日较多，一年之中除十月、十一月之外，几乎每个月都有节日。三年一次的“依饭”节也叫“喜乐厚”是仫佬族最隆重的节日。“依饭”的目的主要是向祖先还愿，祈保人畜平安、五谷丰收。
普米族	崇拜多神，敬奉祖先	节日大都与祭祀活动密切相关，如大过年（春节）、清明、立夏、端午节、火把节、尝新节等节日。过去普米族民间每隔三年一年举行一次较大的小天地神灵的祭祀活动由全民族或全寨共同举行。

（续表）

民　族	宗教信仰	宗教节日
羌族	崇拜天神，敬奉祖先	农历十月初一为羌族年节。年节的宴会又称“收成酒”。年节这天全寨人到“神树林”还愿，焚柏香孝敬祖先和天神。
撒拉族	伊斯兰教	撒拉族主要节日有开斋节、古尔邦节等。
畲(shē）族	信奉鬼神	每年二、七、八月的十五日为祭祖日。“三月三”是畲族传统节日，每年农历三月初三举行，亦称“乌饭节”。
塔吉克族	伊斯兰教	每年斋月前的一个月，塔吉克人都要举行巴罗提节。奇地前笛尔节是塔吉克族人最重视的节日，相当于汉族的春节，多在三月举行。
塔塔尔族	伊斯兰教	塔塔尔族的“撒班节”，又称为“犁头节”，多在春天风景优美的地方举行，有歌舞，还有摔跤、拔河、赛马等集体活动。
土家族	迷信鬼神，崇拜祖先	每逢年节都要大敬祖先，初一、十五也要进行小敬。
仡佬族	信奉道教，少数人信奉佛教	
土族	原始宗教	“七日会”是土族庆祝丰收的狂欢节。土族许多节日与宗教的关系十分密切，节日期间要伴有各种祭祀活动，并备有节日食品。
维吾尔族	伊斯兰教	维吾尔族传统节日有肉孜节（即开斋节）、库尔班节（即古尔邦节）和诺鲁孜节。
乌孜别克族	伊斯兰教	乌孜别克族主要节日有“圣纪节”、“肉孜节”、“古尔邦节”等。
彝（yí）族	崇拜万物有灵和崇拜祖先	主要节日有十月年、火把节及区域性的节日和祭祀活动，十月年是彝族的传统年，多在农历十月上旬择吉日举行。

第三节　少数民族宗教禁忌

民　族	宗教禁忌
蒙古族	骑马坐车接近蒙古包时要轻骑慢行，以免惊动畜群；马鞭子要放在门外，以示对主人的尊敬；到别人家里做客，不要自己动手，须等主人盛给；吃肉时给人递刀，刀尖应向自己，刀把递给对方；见到门前有火或挂红布条等记号，表示这家有病人或产妇，不要进入；不食自死动物肉和驴肉、狗肉、白马肉；来客不让坐西炕，因为西炕是供佛的方位；丧事忌红色和白色，而喜事忌黑色和黄色。
回族	忌食猪、狗、马、驴、骡、猫、鼠、鹰、蛇、乌鸦的肉，不吃未经信仰伊斯兰教者宰杀的或自死的畜禽，不吃动物的血等；忌讳别人在自己家里吸烟、喝酒；在吃馒头、烙饼、馕时，忌囫囵吃，一定要掰作两半或更多的小块吃；禁用食物开玩笑；不能用禁食的东西作比喻，如形容辣椒的颜色像血一样红等；禁在人前袒胸露臂；忌讳背后诽谤和议论别人的短处。
藏族	忌吃奇蹄类畜肉，最忌吃驴肉、狗肉，一些地方不吃鱼，忌讳捕杀野生动物。
维吾尔族	忌食猪、狗、驴、骡之肉和自死的禽畜肉及动物的血，在南疆地区还忌食马肉和鸽子肉；衣着忌短小，上衣一般要过膝，裤腿达脚面，忌户外着短裤；屋内就坐切忌坐床，忌双腿伸直脚底朝人。

（续表）

民　族	宗教禁忌
苗族	忌讳迎亲途中扭伤腿脚，视此为不吉。丧家在一个月内禁婚嫁，不得唱歌或吹芦笙。有的地方过节时不许杀狗和食狗肉；禁止在村寨周围挖土或砍伐古树。
彝族	男人的蓄发，最忌人触摸；有的地方忌食马、驴、骡肉。
彝族	正月初一不杀牲；有的地区的青年妇女不吃牛肉和狗肉；妇女生小孩头三天（有的是七天），外人不得入内。
布依族	外来夫妇，忌在主人家同宿。
朝鲜族	忌讳人称“鲜族”，婚丧、佳节期间不杀狗、不食狗肉。
满族	不打狗、杀狗、不吃狗肉、不戴狗皮帽、不铺狗皮褥；忌讳戴狗皮帽或狗皮套袖的客人。
侗族	生小孩三天内，忌生人入家。
瑶族	妇女生小孩满月前，忌外人来访；男女对唱山歌时，双方须各在一方，忌同坐一条凳子。
白族	访友或探望病人不要在上午；年节正月初一这天，不能到别家串门；斟茶只能斟半杯，喝完再续；妇女分娩，忌外人上门。
土家族	节日不能说不吉利的话；不能扛锄、穿蓑衣、担空水桶进屋；不能用脚踏火炕及三脚架；在室内不能吹口哨；客人不能和少妇坐在一条长凳上。
哈尼族	有的地方遇到寨内死人、野兽进寨、发生火灾等不吉利的事，都认为是忌日；产妇分娩，忌讳外人闯进室内；进村时不能披着衣服；不能用火塘上的三脚架烘湿鞋；不许砍伐龙树或在龙树下大小便。
哈萨克族	忌食猪肉、驴肉、狗肉、自死的牲畜和一切动物的血；忌讳客人在门口下马，更忌讳骑快马到门口下马，因为这意味着报送丧事或其他不吉利的消息。
傣族	忌讳外人骑马、赶牛、挑担和蓬乱着头发进寨子；进入傣家竹楼，一定要把鞋脱在门外，在屋内走路要轻；忌讳在家里吹口哨、剪指甲；衣服不能用来当枕头，枕头不能坐；进佛寺前要在门外脱鞋。忌讳摸小和尚的头。不许在菜园大小便。
黎族	平日不论是自己还是别人都不能提及先辈的名字；部分黎族人民对猫禁杀忌食。客人酒足饭饱后，不能将饭碗或酒杯倒扣在桌上。
傈僳族	家里来客人，不能扫地；出远门的人必须在年前赶回家里；不能伤害蜘蛛，据说是蜘蛛教会人们织布；丧事期间，死者的亲友和同村人都禁止吃辣椒，否则认为对死者不敬。
佤族	忌别人摸头和耳朵；忌讳送人辣椒和鸡蛋；忌任意进木鼓房；忌讳送给少女装饰品；门口放一木杆，说明家里有病人，忌外人进去。
畲族	正月初一忌挑粪，忌抬轿、吹喇叭；忌当乞丐；不吃狗肉。
高山族	忌怀孕妇女动用刀斧。禁食山猫肉、穿山甲肉和并蒂果实等。男人不能随便触摸妇女用的织布机。播种、收割期间，不许高声喧哗。
拉祜族	春节初一这天，任何人都不能说不吉利的话；男女客人，即使是夫妇，借宿时不许同住一室；有些地方的拉祜人禁止饲养马和羊；拉祜人认为谷种是狗尾巴带来的，有谷种大家才有饭吃，所以对狗十分珍爱，他们不打骂狗，禁止杀狗，忌食狗肉，狗死后还要很好埋葬。
水族	忌在家里随地吐痰，吹口哨、跨火塘，不能在长者面前翘腿；忌杀白鸡和狗待客；产妇家三日内忌外人进入。
东乡族	禁食猪、狗、马、骡、驴肉及一切自死动物肉；不食动物的血，禁带污浊之物进入墓地和清真寺；忌用食物开玩笑；忌在人面前袒胸露臂；禁忌递烟敬酒。

（续表）

民　　族	宗教禁忌
纳西族	禁食狗肉；翁媳之间、夫兄与弟媳之间，不能对坐和谈笑；岳母和女婿也不能随便谈笑。不许屠杀耕牛、驮马和雄鸡。
景颇族	骑马到寨时，必须在寨门外下马；进门先脱鞋，如果到有晒台的人家，可以在过道间门前脱鞋；妇女不能托下巴而坐，托下巴而坐意味哀悼；妇女就座忌讳跷二郎腿；主人身边佩挂的刀枪忌讳外人触摸。禁止在屋内吹口哨，忌讳单手接主人递送的烟酒茶。
柯尔克孜族	禁食猪、驴、狗、骡肉和自死的牲畜及一切动物的血；严禁在住宅附近大小便；谈话时不能擤鼻涕；忌讳骑快马到门口下马，因这意味报送丧事或其他不吉利消息。忌撒谎、欺骗和赌咒。
土族	忌吃圆蹄牲畜（马、骡、驴）肉；忌在畜圈内大小便，认为这会影响牲畜的发展；忌讳用有裂缝的碗给客人倒茶。不能在厨房、寝室里吐痰、擤鼻涕。
达斡尔族	忌别人在自己的炕上横卧；忌手执马鞭、弓箭、刀枪等器物进入室内；忌用刀、剪等物指人；家中有病人时，忌外人来访。
仫佬族	外出经商忌讳煮饭不熟和打破碗盘；忌食猫、蛇肉，有的忌食狗肉和猪心。进门时不能踏门槛。
羌族	忌坐门坎和楼梯；饭后不能把筷子横放在碗上，也不能倒扣酒杯。
布朗族	进佛寺要脱鞋，佛寺内禁止吸烟，不能用手摸佛爷或和尚的肩膀、头顶；有的地方，在关门节到开门节期间，禁婚娶，忌肉食，停止一切文娱活动。忌在行路时与别人擦肩而过。不许从坐着的人的腿上跨过。
撒拉族	不吃猪、狗、驴、骡肉，不吃一切动物的血和自死之物；严禁在清真寺内及其附近随地吐痰和大小便，或携带污浊之物进入清真寺。作礼拜时，禁止行人在面前走过。吃馍馍时要掰开吃，不准用口咬。不得反手舀饭倒水。禁止喝酒、吸烟。
毛南族	正月初一不能说粗话和骂人；家有病人，要用两根棍子叉在门口，忌外人进入。
仡佬族	平时不能站立或坐在门口；有分娩和丧事的人家，外人不得入内。
锡伯族	忌食狗肉、忌穿戴狗皮制品。
阿昌族	正月初一过年，禁止杀家畜和伤害动物；妇女生小孩未满七天，忌讳别家男子进入院中。
普米族	禁止打狗，不食狗肉，也不出售狗；鞋子不准放在门口或楼梯上。忌左手添饭，不能随便吃外人送的食品。傍晚不得扫地、理发，不得梳头、打口哨等。
塔吉克族	忌食猪肉、狗肉、驴肉、骡肉和自死畜禽肉及动物血、水产品。忌把剩茶、剩饭倒在地上；交谈时忌脱帽。不能酒后闹事。
怒族	忌讳外人进入内间卧室。客人不得拒绝主人馈赠的食品和礼品。妇女不许跨越弓箭、长刀及背板。妇女生孩子，男人不准在场。禁止砍伐神树，也不能在神树和祭祀神的岩石下大小便。不许蹬踏、跨越和随意搬动火塘上的三角架。狩猎途中忌遇见人，否则要改日进行。
乌孜别克族	禁酒和忌食猪、狗、驴、骡肉、自死的牲畜及一切动物的血。用餐时，严禁脱帽。不能在客人面前咳嗽、擤鼻涕或者大声说话。交谈时忌讳伸懒腰、打哈欠、挖鼻孔、吐痰、咳嗽、打嗝、放屁等。禁止在公共场所光着上身，不准仅穿裤衩、背心串门。
俄罗斯族	忌食驴、马肉，有的不吃猪肉和狗肉。忌讳“星期五”和“13”两个数字和日子，视此为不详数字。在室内抽烟须征得主人同意，让烟时不能递一支，要递烟盒，不能借别人的烟点烟。
鄂温克族	不准骑马进庭院，不得拿着马鞭进屋，而应把它放在房门外；不许抛洒奶类；不得宰杀或出卖未停奶的母畜；产妇未满月前，不许带枪或钥匙的人进屋；忌用有刃的东西指人；忌背后说别人坏话。忌吃狗肉和自死动物肉。

（续表）

民　族	宗教禁忌
德昂族	被头和被尾不能颠倒盖，不能坐在帽子、上衣和枕头上；外人不许拍摸男子的肩头，也不能触摸妇女的包头和衣物；在德昂人家借宿时，即使来客是夫妇也不能同居一室，而要分开住；德昂人供奉的大青树，禁止砍伐。不能手拉手赠物。
保安族	忌食猪、狗、驴、骡等肉；忌食一切动物的血和自死的动物；忌用食物开玩笑；忌在水源附近大小便；禁在他人面前袒胸露臂；客人不能进厨房，不能进女人的寝室。舀水舀饭时，不能用反手。
裕固族	忌食马肉、驴肉、骡肉、狗肉，基本上不食鸡、鱼等尖嘴圆蹄畜禽肉。近几十年来开始吃鱼肉、鸡肉和鸡蛋等。不能往火和水里扔不洁之物。给客人端茶、敬酒时不能用单手。视黑色为不吉之兆。
京族	渔网放在海滩上，忌人跨过；新造尚未下水的竹筏，禁止人在上面坐；请人装鱼箔时，忌煮生鱼、焦饭；在船上忌将碗复置；坐船忌双脚垂在船外。
塔塔尔族	禁食猪、狗、驴、骡肉和自死的牲畜，禁食一切动物的血。用餐时，忌脱帽、咳嗽、抓头、大声说话，忌讳当人面擤鼻涕、吐痰、打哈欠、放屁。禁止在公共场所光着上身，不准仅穿裤衩、背心串门。
独龙族	出殡时，尸体不能直接从大门抬出，而只能从住房的后壁或地板处另开一洞口抬出。
鄂伦春族	禁止晚辈直呼老人的名字；出猎前不许将去向告知他人；不许在山谷、绝壁和岩洞处大声喧哗；任何人不得往火堆上倒水，也不许用刀或木棍拨火。
赫哲族	不能跨火、骂火，不能蹲在火堆上；挂在树桩上的吊锅不能乱碰；不许敲打有声的器物；禁止用刀铲锅，否则认为会割断打猎的好运气；集体狩猎时，任何人遇到不称心的事，都不许说怪话。
门巴族	猎人出猎的前三天，家里不能煮酒，外人不得进屋；家有病人，在门口压上带刺的树枝，忌外人来访；施肥使用厩肥，忌人粪；门隅北部的门巴人不食家里养的畜禽，只用作交换，认为牛为主人耕作和产奶，不忍食其肉，只吃买的、别人杀的和捕猎的兽肉；客人吃饭时不要吃光喝尽，最后必须让主人家的锅里、碗里都剩一些食物。忌讳在客人面前走动，须从客人身后绕行。
珞巴族	最忌生人来访时走错了门；外出打猎前一天，在家门前插树做标记，禁止亲朋入内；家有病人，便在门前插树枝，禁止外人进入，即便是远方来客也不能进屋。
基诺族	不准砍伐路旁的树木；严禁毁坏原始森林；忌人摸动祭品。

附　录

1. 我国主要传统节日

作为历史悠久的文明古国，丰富的民族传统节日是中国文化不可缺少的一个重要组成部分。每一个节日都有它的历史渊源、美妙传说、独特情趣和深广的群众基础。它们反映了民族的传统习惯、道德风尚和宗教观念，寄托着整个民族的憧憬，是千百年来一代代岁月长途中欢乐的盛会。部分中国传统节日见附表 1 所示。

附表 1　中国传统节日

节日名称	简　介
春节	春节是我国最盛大、最热闹的一个古老传统节日，俗称“过年”。按照我国农历，正月初一是“岁之元，月之元，时之元”，是一年的开始。传统的庆祝活动则从除夕一直持续到正月十五元宵节。每到除夕，家家户户阖家欢聚，一起吃年夜饭，称“团年”。我国北方地区在此时有吃饺子的习俗，取“更岁交子”之意。而南方有吃年糕的习惯，象征生活步步高升。
元宵节	农历正月十五夜，是我国民间传统的元宵节、又称上元节，灯节。正月十五闹元宵，将从除夕开始延续的庆祝活动推向又一个高潮。元宵之夜，大街小巷张灯结彩，人们赏灯，猜灯谜，吃元宵，成为世代相沿的习俗。元宵节吃元宵的习俗始于宋朝。意在祝福全家团圆和睦，在新的一年中康乐幸福。
清明节	清明节既是二十四节气之一，又是一个历史悠久的传统节日。清明节的前一天称寒食节。两节恰逢阳春三月，春光明媚，桃红柳绿，一派欣欣向荣的气象。寒食节的设立是为了纪念春秋时代晋朝“士甘焚死不公侯”的介子推。清明寒食期间，民间有禁火寒食、祭祖扫墓、踏青郊游等习俗。另外还有荡秋千、放风筝、拔河、斗鸡、戴柳、斗草、打球等传统活动。使清明节成为一个富有诗意的节日。
端午节	农历五月初五，是我国传统的端午节，又称端阳、重五、端五节。今天端午节的众多活动都与纪念我国伟大的文学家屈原有关。这一天，家家户户都要吃粽子。南方各地举行龙舟大赛，都与悼念屈原有关。同时，端午节也是自古相传的“卫生节”，人们在这一天洒扫庭院，挂艾枝，悬菖蒲，洒雄黄水，饮雄黄酒，激清除腐，杀菌防病。这些活动也反映了我们民族的优良传统。
七夕	由无数恒星组成的银河象一条天河横亘夜空，人们说，它把多情的牛郎织女隔开了，只有每年七月初七，天下的喜鹊搭成一座鹊桥，他们才能相见，因而又被喻为人间离别的夫妻相会。这个美好的传说始于汉潮，经过千余年的代代相传，深入人心。这一夜还有观天河祈祷五谷丰收的习俗。民间有向织女乞巧的习俗，一般是比赛穿针引线，看谁更心灵手巧。因此，七夕又叫乞巧节或女儿节。现在也被誉为“中国情人节”。
中秋节	农历八月十五，是一年秋季的中间，因此称中秋节。中秋之夜，除此之外了赏月、祭月、吃月饼，有些地方还有舞草龙、砌宝塔等活动。除月饼外，各种时令鲜果干果也是中秋夜的美食。此夜，人们仰望如玉如盘的明月，自然会期盼家人团聚。远在他乡的游子，也借此寄托自己对故乡和亲人的思念之情，所以，中秋又称“团圆节”。

（续表）

节日名称	简　　介
重阳节	金秋送爽，丹桂飘香，农历九月初九的重阳佳节活动极为丰富，有登高、赏菊、喝花酒、吃重阳糕、插萸等。重阳节又是“老人节”，老人们在这一天或赏菊以陶冶情操，或登高以锻炼体魄，给桑榆晚景增添了无限乐趣。
冬至	冬至在我国古代是一个很隆重的节日。至今我国台湾还保存着冬至用九层糕祭祖的传统，以示不忘本，祝福阖家团圆。北方地区冬至有宰羊，吃饺子的习俗，南方的传统食品有冬至米团、冬至长线面等。
腊八节	腊八节是佛教的节日。这一天是释迦牟尼成佛的日子，又称“成道节”。这一天最重要的活动是吃腊八粥。最早的腊八粥只是在米粥中加入红小豆，后来演变的极为复杂考究，主料有白米、黄米、江米、小米、菱角米等数十种，添加核桃、杏仁、瓜子、花生、松仁、葡萄干、桂圆肉、百合、莲子等，通宵熬煮，香飘十里。除腊八粥外，还有腊八面、腊八蒜等风味食品。它们既可滋补身体，又是喜庆丰收的一种形式，拉开了春节的序幕。

2. 西方国家主要节日（附表 2）

附表 2　西方国家主要节日

西方国家主要节日	简　　介
圣诞节(12 月 25 日)	圣诞节是基督教徒纪念耶稣诞生的日子，公认的日期是 12 月 25 日。圣诞节本是一个宗教性的节日，后来逐渐演变成一个具有民族风格的全民性的节日，在美国、英国、加拿大、德国、意大利、澳大利亚等西方国家，甚至非洲，东南亚一些国家都很盛行。
复活节（每年春分月圆后的第一星期日）	复活节是基督教耶稣复活的重大节日。对基督教而言，复活节仅次于圣诞节。复活节这一天要举行宗教仪式和活动，如“圣餐”等，人们见面的第一句话就是“主复活了”。人们互赠彩蛋，小孩吃兔子糖，讲兔子的故事。按西方国家的习俗，彩蛋和兔子是复活节的典型象征和吉祥物。
情人节（2 月 14 日）	情人节是英美等国一个十分重要的节日。情人节不仅仅是年轻人的节日，也是一个大众化的节日。情人节这一天，不仅仅情侣们互赠卡片和礼物，人们也给自己的父母、老人以及其他受自己尊敬和爱戴的人赠礼物和卡片，特别引人入胜的是情人节之夜的化妆舞会。参加舞会的人，个个煞费苦心地将自己装扮起来 聪明的舞会主人常常给每位客人发一个带花边的瓦伦丁卡片，上面写着某个人的名字，这个人就成为你今晚的伙伴。因此在舞会上，人们便可以看到罗密欧和灰姑娘翩翩起舞；哈姆雷特同卡门谈笑风生，阿拉伯公主同查理二世共进晚餐。
愚人节（4 月 1 日）	愚人节是一个比较特殊的节日。时间是每年的 4 月 1 日。按照西方国家的习俗，在愚人节这一天，人们可以任意说谎骗人，愚弄他人。骗术越高，越能得到推崇。在愚人节受到愚弄的人被称为 4 月愚人。按照他们的习惯，当一个人成功地使别人受到愚弄时，他就会笑着说话，这时受愚弄的人恍然大悟，也会跟着哈哈大笑。愚人节活动活跃气氛，放松一下大脑，为人们的生活增添一些乐趣 ，本不是件坏事。但是开玩笑或愚弄人应该有分寸，要适可而止上，不要只是一味地追求骗术的高明，而不顾他人的承受性，也就是说不要把自己的一时高兴建立在别人的痛苦之上。如今的愚人节在美国已主要是淘气的男孩子们的节日了。
母亲节（5 月的第 2 个星期天）	母亲节是英美等国家为了表达对母亲的敬意而设的一个节日。每逢母亲节，做儿女的都会送给自己的母亲节日贺卡、鲜花以及母亲们喜欢的精美礼物等，同时，在这一天做父亲的会领着子女们包揽家务，以便让做母亲的有个休息的机会。
父亲节（6 月的第 3 个星期天）	父亲节起源与 20 世纪初的美国。按照习惯，父亲节这一天，做孩子的通常一大早就起床给父亲做一顿丰盛的早餐，端到父亲的床头，感谢父亲的养育之恩。另外，父亲节这一天，孩子们还向父亲赠送礼物，所送的一般是父亲喜欢的衣服和爱喝的酒。

（续表）

西方国家主要节日	简　介
感恩节（11 月的第 4 个星期四）	感恩节是美国民间传统节日。为了感谢上帝赐予的大丰收，最早的移民们决定举行一次盛大的庆祝活动，同时也是为了感谢印地安人的热心、帮助。于是他们在 1621 年的 11 月下旬的一个星期四，与邀请来的曾帮助过他们的印地安人一起举行了一个庆祝活动。他们在天亮时鸣放礼炮，举行宗教仪式，虔诚地向上帝表示感谢，然后他们用自己猎取的火鸡以及自己种的南瓜、红薯、玉米等做的美味佳肴，隆重庆祝上帝的赐予，这便是美国、历史的上感恩节的开始。
万圣节（11 月 1 日）	按照基督教的习惯万圣节是纪念所有圣徒的日子。在英国，万圣节前夕可以说是一个鬼节。因为大多数活动都与“鬼”有关。每到万圣节前夕这天晚上，人们就围坐在火炉旁，讲述一些有关鬼的故事，有时让一些在场的小孩听起来十分害怕。有的人把萝卜或甜菜头挖空，做成一个古怪的头形的东西，在上面刻上嘴和眼睛，在其内放上一枝点燃的蜡烛，看上去古怪、让人害怕，然后把它挂在树枝上或大门上，据说这样可以驱逐妖魔鬼怪。在美国，人们制作“杰克灯”或叫“南瓜灯”。

3. 国花、国树、国鸟、国兽、国教（附表 3）

附表 3　国花、国树、国鸟、国兽、国教

国　名	国花、国树	国鸟、国兽	国　教
利比亚	石榴花		伊斯兰教
丹麦	冬青	云雀	新教福音信义会
坦桑尼亚	丁香花（偏爱）	偏爱红色的蛇	坦桑尼亚
突尼斯			伊斯兰教
泰国	荷花、睡莲、桂木	大象	佛教
塔吉克		崇拜鹰	
乌干达		皇冠鹤	
乌兹别克		狼	
乌拉圭	茉莉花和桃红色的山茶花（偏爱）		
委内瑞拉	五月花		
西班牙	石榴花		
匈牙利	郁金香		
希腊	橄榄树		东正教
新加坡	兰花（偏爱）、卓锦、万代兰		伊斯兰教
印度	荷花、罂粟、玫瑰	孔雀、牛	
印度尼西亚	茉莉花（偏爱）	蛇	
伊拉克	玫瑰	雄鹰（偏爱）	

（续表）

国　　名	国花、国树	国鸟、国兽	国　　教
伊朗	玫瑰	狮子	
意大利	雏菊（偏爱）、紫罗兰、玫瑰	猫、狗（偏爱）	
越南	桃花	狗（偏爱）	
中国	牡丹	熊猫	
智利	野百合花、可比爱花	山鹰	
赞比亚		雄鹰	
新西兰	银蕨、四翅槐	几维鸟	
巴布亚新几内亚		极乐鸟	
巴西	兰花	偏爱蝴蝶	
巴基斯坦	素馨花		伊斯兰教
比利时	虞美人	红隼、鸽子、猫	
保加利亚	玫瑰花		
波兰	玫瑰花、石竹花、兰花、三色堇、菊花	雄鹰	
秘鲁	向日葵、金鸡纳树	猫头鹰	
朝鲜	木槿花、金达莱		
英国	蔷薇、玫瑰	红胸鸽、狗	
巴林		猫头鹰	
缅甸	东亚兰花、榕树、柚木	乌鸦、孔雀	
墨西哥	仙人掌、大丽菊	雄鹰（长脚鹰）	
尼泊尔	杜鹃花、樱花	绿雉、乌鸦、黄牛、狗（偏爱）	
挪威	石楠花	海鸟	新教路德教会
日本	樱花	鹤、乌龟（偏爱）	
葡萄牙	石竹花		
瑞士	火绒草		
瑞典	白菊、睡莲、（偏爱）孪生花	乌鸦	新教路德教会
斯里兰卡	兰花、荷花	黑尾原鸡、狮子、大象（崇拜）	
土耳其	郁金香		
荷兰	郁金香	琵鹭	

（续表）

国　　名	国花、国树	国鸟、国兽	国　　教
加拿大	枫叶（国宝）		
捷克	玫瑰、石竹花		
卡塔尔			伊斯兰教
科威特		喜欢马、猎鹰	
罗马尼亚	玫瑰		
马里		狗（偏爱）	
马来西亚	扶桑花	崇拜犀鸟	
毛里塔尼亚			伊斯兰教
孟加拉	偏爱荷花		
美国	玫瑰	秃鹫、猫头鹰、白猫	
德国	蓝色矢车菊	白鹳	
芬兰	铃兰花		
哈萨克		偏爱猫头鹰	
法国	鸢尾花、百合、玫瑰	公鸡	
菲律宾	茉莉花、纳拉树		
古巴	姜黄色百合花、波罗（国宝）		
哥伦比亚	特莱兰花	喜欢蟾蜍	
斐济	扶桑花（喜欢）		
刚果	偏爱绿色棕榈枝		
阿尔及利亚		偏爱乌鸦、鹤、吴桂（国兽）	伊斯兰教
阿尔巴尼亚		山鹰	
叙利亚	玫瑰		伊斯兰教
埃及		仙鹤（偏爱）、猫	伊斯兰教
阿联酋	喜爱椰枣树	偏爱羚羊、骆驼	伊斯兰教
阿曼	赛波花	棕灶鸟	天主教
阿富汗			伊斯兰教
埃塞俄比亚			基督教
爱尔兰	三叶草	狗	罗马天主教

（续表）

国 名	国花、国树	国鸟、国兽	国 教
奥地利	火绒草	燕	罗马天主教
澳大利亚	篱笆树	喜欢袋鼠、禽鸟（国鸟）	新教、罗马天主教
肯尼亚	肯山兰	雄鸡	
津巴布韦		津巴布韦鸟	

参 考 文 献

1. 杨茳，王刚主编．礼仪师培训教程[M]．北京：人民交通出版社，2007
2. 金正昆著．社交礼仪教程[M]．北京：中国人民大学出版社，2005
3. 杨友苏，石达平编著．品礼——中外礼仪故事选评[M]．上海：学林出版社，2008
4. 杨再春，陈方丽主编．商务礼仪实训教程[M]．北京：清华大学出版社，2010
5. 姜晓敏主编．人际沟通与礼仪[M]．上海：华东师范大学出版社，2006
6. 朱燕编著．现代礼仪学概论[M]．北京：清华大学出版社，2006
7. 喻小毛．公关与礼仪修养[M]．北京：北京理工大学出版，2011
8. 胡晓涓主编．商务礼仪[M]．北京：中国人民大学出版社，2005
9. 金正昆著．商务礼仪[M]．西安：陕西师范大学出版社，2007
10. 王晞，牟红主编．旅游实用礼宾礼仪[M]．重庆：重庆大学出版社，2002
11. 杨眉主编．现代商务礼仪[M]．大连：东北财经大学出版社，2005
12. 黄干才，刘良军，周龙军主编．职业口才实训教程[M]．南宁：广西科学技术出版社，2007
13. 冯玉珠著．商务宴请攻略[M]．北京：中国轻工业出版社，2006
14. 曹浩文编著．如何掌握商务礼仪[M]．北京：北京大学出版社，2004
15. 李莉主编．实用礼仪教程[M]．北京：中国人民大学出版社，2002
16. 韩英主编．现代社交礼仪[M]．青岛：青岛出版社，2005
17. 吕维霞，刘彦波编著．现代商务礼仪[M]．北京：对外经济贸易大学出版社，2003
18. 杨再春，陈方丽主编．商务礼仪实训教程[M]．北京：清华大学出版社，2010
19. 金正昆著．社交礼仪教程，第三版[M]．北京：中国人民大学出版社，2009
20. 胡宁，刘湘文，刘安拉主编．中职生礼仪规范教程[M]．北京：科学出版社，2007
21. 陈德华主编．中职礼仪修养[M]．南宁：广西人民出版社，2008
22. 罗秋怡，尹立雅，陈德华主编．中职生实用礼仪与训练[M]．南宁：广西科学技术出版社，2008
23. 金井良子[日]．礼仪基础[M]．北京：中国人民大学出版社，2004
24. 赵鸿渐．职场礼仪价值百万[M]．北京：中国工人出版社
25. 李元秀主编．社交礼仪全书[M]．呼和浩特：内蒙古人民出版社，2010
26. 刑延国主编．成就你一生的礼仪[M]．北京：中国长安出版社，2009
27. 王欢主编．礼仪规范教程[M]．北京：北京知识出版社，2006
28. 钟敬文先生．民俗学概论[M]．上海：上海文艺出版社，2009